200 recettes
anti-cancer

200 recettes
anti-cancer

LOUISE RIVARD
avec l'étroite collaboration
du **Dr RÉJEAN LAPOINTE, Ph.D.**

MODUS
VIVENDI

© 2006 Les Publications Modus Vivendi inc.
© des photographies

LES PUBLICATIONS MODUS VIVENDI INC.
55, rue Jean-Talon ouest, 2ᵉ étage
Montréal (Québec)
Canada
H2R 2W8

Conception graphique : Émilie Houle
Design de la couverture : Catherine Houle
Collaboration à la cuisine : Julie Van Winden et Simon Roberge
Photographie : André Noël
Révision linguistique : Guy Perreault

Dépôt légal - Bibliothèque et Archives nationales du Québec, 2006
Dépôt légal - Bibliothèque et Archives Canada, 2006

ISBN-10 2-89523-407-8
ISBN-13 978-2-89523-407-4

Nous reconnaissons l'aide financière du gouvernement du Canada par l'entremise du Programme d'aide au développement de l'industrie de l'édition (PADIÉ) pour nos activités d'édition.

Gouvernement du Québec - Programme de crédit d'impôt pour l'édition de livres - Gestion SODEC

J'aimerais remercier les magasins montréalais suivants pour leur généreuse collaboration à nous avoir gracieusement fourni vaisselle et accessoires photographiés dans ce livre : La Baie centre-ville, Déco Découverte, Linen Chest, Toyama et Stokes.

Un gros merci à Julie, Simon, Sylvie et André pour leur collaboration au stylisme et pour l'énergie créatrice déployée tout au long de ce projet.

Je tiens également à remercier l'équipe de Modus Vivendi particulièrement Émilie, pour la création artistique de ce livre.

Louise Rivard, auteure

Vous pouvez retrouver des informations supplémentaires
concernant les autres ouvrages publiés par l'auteure
Louise Rivard, au : www.louiserivard.com

Préface
par Dr Réjean Lapointe, Ph. D.

Les chiffres sont toujours saisissants : une personne sur trois sera atteinte du cancer dans sa vie, et une sur quatre en mourra. Nous connaissons tous une personne de notre entourage ou de notre famille qui en est atteinte. C'est une loterie où il y a trop de perdants ! Mais que pouvons-nous faire pour mettre les chances de notre côté pour l'éviter ? Évidemment, nous nous préoccupons de ce qui nous entoure, de l'environnement : la qualité de l'air que nous respirons, de l'eau, le tabagisme et la fumée secondaire, et bien d'autres choses encore. Pourtant, ce que nous mangeons est probablement ce qui va le plus influencer notre état ! Il est donc primordial de se nourrir avec soin. Certains prétendent d'ailleurs que nous sommes ce que nous mangeons... ce n'est pas faux ! Ce que nous offre l'alimentation moderne est de plus en plus modifié, dénaturé, sur-sucré, sur-salé, édulcoré ! Nous n'avons qu'à lire les listes d'ingrédients pour constater qu'il s'agit davantage de chimie que d'alimentation. Or, il n'y a pas si longtemps, nos ancêtres n'étaient pas exposés à ces nouveaux produits de l'alimentation moderne. Si nous poussons plus loin la réflexion, nous pouvons dire que l'être humain est issu de dizaines de milliers d'années d'évolution, et ce que nous mangeons, en bonne partie, dans nos sociétés modernes, est bien différent de ce à quoi notre corps a été préparé.

Se rapprocher d'une alimentation plus équilibrée, davantage en harmonie avec notre corps qui est le fruit de ces milliers d'années d'évolution, est certainement une façon d'améliorer notre bien-être. Mais comment s'y prendre si on cherche à aider notre corps à prévenir le cancer ou à le combattre ? La diététique est certainement une science complexe et plutôt instable dans ses recommandations. Toutefois, les résultats de certaines études récentes nous permettent de croire que notre alimentation peut dramatiquement influencer notre organisme à faire face à cette terrible maladie qu'est le cancer. En particulier, il semble que plusieurs aliments, dont certains ont des racines très anciennes, pourraient nous conditionner à prévenir et combattre plus efficacement les tumeurs. Ce livre vise à combler un vide en offrant une multitude de solutions sous forme de recettes, certaines élaborées, d'autres très simples, qui permettent d'intégrer une alimentation saine dans notre quotidien, orientée vers la prévention du cancer. Évidemment, il reste essentiel de suivre à la lettre ce que votre médecin vous prescrit si vous êtes atteint de cette maladie. Mais il est tout à fait souhaitable d'adopter et de conserver une saine alimentation, ce qui représente une façon efficace de bien conditionner son corps pour prévenir ou lutter contre le cancer.

Les recettes proposées dans ce livre s'inspirent d'un courant de pensée qui a émergé dans les dernières années. Ce livre constitue certainement un outil permettant de conditionner notre corps à un meilleur état de santé en général. Évidemment, bien s'alimenter pour prévenir le cancer peut avoir d'autres effets bénéfiques, sur le système cardio-vasculaire, hormonal et immunologique, entre autres. Et le plus fantastique est que ces recettes sont succulentes. Il y a tant de saveurs à découvrir et apprécier. La majorité des recettes proposées par Louise Rivard sont inspirées des cuisines du monde, de multiples origines (méditerranéenne, orientale, indienne et bien d'autres). En fait, on associe trop souvent « alimentation saine et équilibrée » avec « nourriture sans saveur »... rien n'est moins vrai ! La préparation d'un livre comme celui-ci nécessite des mois de travail et d'essais pour optimiser le goût des plats proposés. Ainsi, vous retrouverez dans les recettes proposées par l'auteure, multiples ingrédients qui rehaussent le goût des plats préparés tout en intégrant ceux reconnus pour aider à prévenir le cancer. Ainsi, on gagne sur tous les plans : saveurs et santé. Quoi de mieux !

Dr Réjean Lapointe, Ph.D.
Professeur adjoint, Département de Médecine
(Université de Montréal)

Chercheur en immuno-oncologie humaine
Centre de recherche, Centre hospitalier de l'Université de Montréal (CHUM)
et Institut du cancer de Montréal (ICM)

Introduction
À propos du cancer et de l'alimentation

Nous vous suggérons plus de 200 idées judicieuses pour préparer des plats savoureux qui vous aideront à lutter activement contre bon nombre d'envahisseurs car, à notre insu, nos défenses naturelles sont souvent menacées. Il nous incombe d'aider notre système immunitaire à conserver son efficacité afin de prévenir le cancer. Vous constaterez que l'intégration d'aliments de base éprouvés scientifiquement au menu quotidien est simple et délicieuse. Ainsi, plusieurs fruits et légumes que vous cuisinez couramment sont devenus les vedettes de l'heure. Rien de mieux que des plats appétissants sur une table et qui, de plus, éliminent les infections de notre corps ! Testés pour leur rôle préventif, les légumes et les fruits sont apprêtés consciencieusement afin de maximiser leurs substances bénéfiques. Il vous sera agréable et facile de les cuisiner et d'en redécouvrir plus d'un en réalisant de bonnes combinaisons alimentaires.

Ce qui est demeuré un grand mystère pendant des siècles a été élucidé en ce début de 21e siècle : une alimentation saine peut contribuer à prévenir le cancer. L'approche alimentaire basée sur l'héritage des connaissances du passé a fait l'objet de tests scientifiques dans de nombreuses études cliniques et épidémiologiques. Les aliments que l'on pouvait encore considérer anodins sont devenus des armes efficaces, des moyens utilisés en médecine pour freiner le développement et la progression du cancer. Puisant dans l'arsenal de Mère Nature, les chercheurs ont trouvé des aliments riches en substances anticancéreuses, comparables aux substances dont sont composés les médicaments d'origine synthétique. Il suffit d'accroître sa consommation quotidienne de certains types d'aliments et de les intégrer en quantité appropriée lorsque l'on prépare ses repas.

Le terme «alicament», qui nous vient de la diététique, et le terme «nutrathérapie» se retrouvent de plus en plus dans les articles scientifiques.

Mais qu'est-ce au juste qu'un alicament ?

Il s'agit d'un produit alimentaire procurant un effet positif sur la santé humaine. Plus simplement, les alicaments sont des aliments fonctionnels qui se démarquent parce qu'ils sont capables d'agir sur une fonction de l'organisme. On les associe au concept d'aliment-médicament, sans toutefois être un médicament. Le terme «aliment santé» conviendrait davantage qu'alicament, qui fait penser à un médicament alimentaire qu'on pourrait chercher à comparer à un médicament traditionnel. L'alicament est donc un aliment bénéfique pour la santé qui peut participer à la prévention ou au traitement de certaines maladies. On cite le sel iodé comme l'ancêtre des alicaments, et plus récemment, le yogourt avec bifidus qui a des propriétés reconnues par la communauté médicale.

Et qu'est-ce que la nutrathérapie ? Ce terme désigne une toute nouvelle approche préventive et complémentaire de traitement du cancer susceptible dans les années à venir de constituer une thérapie en soi. Elle est le résultat d'une somme considérable de recherches scientifiques entreprises sur les propriétés phytochimiques de plusieurs produits alimentaires naturels courants. C'est par l'apport de molécules anticancéreuses contenues dans les fruits et les légumes et d'autres aliments que la nutrathérapie agit comme une chimiothérapie préventive. Elle se sert de l'alimentation comme d'un outil complémentaire qui peut être utilisé par tout individu soucieux d'apporter à son organisme des éléments d'origine naturelle dans son menu quotidien.

Des publications scientifiques font état de l'efficacité de substances anticancéreuses contenues dans les tomates, l'ail, les choux, les oméga-3, les fruits des champs, le chocolat noir et le thé vert.

Des études concernant les habitudes alimentaires de différentes populations du globe ont confirmé l'effet thérapeutique de certains groupes d'aliments.

Nous assistons actuellement à une consécration scientifique des vertus bénéfiques à long terme des aliments considérés anticancéreux, et plus particulièrement, à la reconnaissance du potentiel curatif et préventif d'une grande variété de leurs constituants. Étant naturels et facilement assimilables par l'organisme, les alicaments viennent renforcer les thérapies employées jusqu'ici (chirurgie, radiothérapie, chimiothérapie), et ce, sans effets secondaires notables.

Les principaux alicaments

- Les légumes de la famille du chou (crucifères)
- L'ail et l'oignon
- La tomate
- Le soja
- Les agrumes
- Les petits fruits (fraises, framboises, myrtilles)
- Les oméga-3 (bons gras)
- Le chocolat
- Le curcuma
- Le thé vert
- Le vin rouge

Au-delà de leur teneur en vitamines et minéraux, la valeur des composés phytochimiques («phyto», du grec «phyton», signifie plante) de ces alicaments représente à ce jour une bonne arme biologique dont l'homme dispose pour prévenir le cancer. Les éléments dont ils sont composés sont compatibles avec l'organisme humain puisqu'ils sont tout à fait naturels. Ils neutralisent les substances nocives qui pénètrent dans l'organisme.

Les crucifères

Le chou et ses cousins de la famille des crucifères ont été cultivés pour leurs nombreuses vertus depuis la nuit des temps. Les botanistes les classent sous l'appellation *Brassica*. L'ancêtre dont sont issues les variétés disponibles sur le marché est un chou pommé, *Brassica oleracea*. Parmi ces légumes qui contiennent une grande teneur en molécules phytochimiques, nous retrouvons le brocoli, le chou-fleur, les choux de Bruxelles, le chou feuillu ou frisé sans pomme ou kale et le chou pommé, le chou de Milan ou de Savoie et les choux chinois.

D'autres légumes se classent dans la famille des crucifères : le navet, les radis, le cresson, la moutarde et une plante oléagineuse, le colza (désigné ici, au Canada, sous l'appellation de canola).

Ces légumes libèrent, pendant la mastication, leurs composantes qui subissent des transformations les changeant en molécules anticancéreuses plus puissantes. On comprend dès lors toute l'importance de ne pas trop les faire cuire. Une cuisson rapide à l'étuvée ou à «l'orientale» permet de ne pas perdre ces substances bénéfiques. Il est bien sûr conseillé d'en consommer régulièrement.

L'ail

L'ail, l'oignon et leurs cousins, le poireau, l'échalote et la ciboulette, sont classés dans la famille des *liliacées*. Leur odeur caractéristique ainsi que leur saveur prononcée démontrent en effet que leurs molécules sulfurées sont très puissantes, disponibles et prêtes à entrer en action dès qu'on les brise pour les utiliser en cuisine. Les propriétés phytochimiques de l'ail auraient un effet protecteur contre les nitrites, ces agents alimentaires utilisés dans la préservation des charcuteries. Ils méritent une place de choix dans l'élaboration des menus.

L'ail contient de l'allicine, qui peut se transformer en une vingtaine de composés aux propriétés anti-cancéreuses démontrées à ce jour. Pour sa part, l'oignon contient de la quercétine, une substance efficace dans la prévention du cancer.

La tomate

On retrouve des molécules de lycopène dans les fruits et les légumes de couleur rouge, jaune ou orange. On en trouve aussi une forte concentration dans les produits dérivés de la tomate, comme la pâte de tomate, la sauce tomate et la soupe aux tomates. Les recherches ont confirmé que l'action anticancéreuse maximale des tomates est atteinte lorsqu'on ajoute une matière grasse en cours de cuisson. Ainsi, les sauces tomate à l'huile d'olive procureraient une bonne source de lycopènes assimilables.

Le soja

Le soja et ses dérivés, la farine de soja, les fèves de soja entières, le miso, le tofu, le lait de soja et la sauce soja, sont les principales sources d'isoflavones, des composés phytochimiques anticancéreux d'un grand intérêt. Cette légumineuse est injustement considérée en Occident. Il faut savoir qu'elle est très riche en protéines, en vitamines et en minéraux, en acides gras essentiels et en fibres. Largement consommées en Orient, les fèves nature ou séchées gagneraient à être intégrées au menu quotidien en quantité modérée (environ 50 g par jour).

Les petits fruits

Les petits fruits, tels que les fraises, les framboises, les bleuets et les canneberges, ont un potentiel anticancéreux indéniable, en plus d'être délicieux. Reconnus pour leurs qualités antioxydantes, ils ont en plus une efficacité éprouvée de leurs composés phytochimiques. Les bleuets sauvages viennent en tête de liste pour leurs quantités d'antioxydants et autres substances chimiques, suivis par les canneberges (que l'on conseille de consommer séchées), les mûres, les framboises, les fraises et les cerises.

Le curcuma

Cette épice qui compose la poudre de cari (mélange d'épices comprenant environ 20 % de curcuma, du cumin, de la coriandre, de la cardamome, du fenugrec et une combinaison de différents poivres) possède des propriétés thérapeutiques qui ont impressionné les chercheurs qui se sont penchés sur ses effets anticancéreux. La médecine traditionnelle indienne et chinoise en faisait déjà un grand usage pour traiter plusieurs maux (désordres physiques, fièvre, troubles hépatiques, congestion). Son principal composé, la curcumine, est toujours utilisé dans l'industrie alimentaire pour colorer la moutarde, mais dans une très faible proportion comparativement aux quantités utilisées couramment en cuisine. Mélangé au poivre, le curcuma maximise plus de 1000 fois son assimilation.

Les oméga-3

Les oméga-3, ou acides gras polyinsaturés, sont importants dans l'alimentation. Le corps humain étant incapable d'en produire, ils doivent provenir de sources alimentaires externes. Nous les retrouvons dans les huiles végétales, les noix et les graines, les poissons gras comme les sardines, le hareng, le maquereau, le saumon et la truite arc-en-ciel ainsi que dans les fruits de mer en général.

Une bonne consommation d'aliments de ce type est d'une importance majeure, surtout en Occident où elle est très faible. Les oméga-3 ont des effets bénéfiques pour la santé et contribuent à réduire les risques de cancer et de maladies cardio-vasculaires.

Les agrumes

Les principaux agrumes consommés par la plupart des gens sont l'orange, le pamplemousse, le pomelo, la mandarine, la clémentine, le citron et la lime. Ils ont toujours eu la faveur des consommateurs tant pour leur apport en vitamines C que pour les plats qu'ils rehaussent. Les recherches ont mis en lumière le fait qu'ils possèdent plusieurs autres molécules agissant directement sur les cellules cancéreuses et qui pourraient, elles aussi, lutter contre leur progression. S'ajoute à cela une action anti-inflammatoire notable et la capacité de permettre une augmentation de la performance anticancéreuse d'autres aliments et de leurs composés phytochimiques. Il ne faut pas se gêner pour en consommer régulièrement et en ajouter à ses recettes.

Le thé vert

Le thé vert se taillera sûrement la place qui lui revient dans les prochaines années. À cause de ses origines asiatiques, il commence à être consommé en Occident davantage par les amateurs de cuisine orientale. À l'origine, il était employé comme médicament.

Son histoire est aussi riche que sa culture est intéressante. Le thé vert contient des molécules de catéchines qui ont un grand potentiel anticancéreux. Préférez les thés verts japonais de types sencha-uchiyama et gyokuro, entre autres, qui en possèdent une plus forte concentration. Les thés chinois ne sont pas à dénigrer. On doit infuser environ 8 à 10 minutes, pour un maximum de composés protecteurs. On suggère d'espacer dans la journée la consommation des 3 tasses suggérées.

Le chocolat

Le chocolat noir contenant 70 % de pâte de cacao pur contiendrait assez de composés bénéfiques pour agir sur le cancer et d'autres maladies chroniques affectant le système cardio-vasculaire. L'effet préventif de 80 g de chocolat permet aussi de diminuer sa consommation de desserts et autres sucreries. Une grande consommation de sucreries et de produits à haute teneur en sucre a pour conséquences l'augmentation du taux de cholestérol sanguin, la prise de poids et d'autres effets non bénéfiques pour la santé.

Le vin rouge

Le vin rouge contient une substance active dans la prévention du cancer, le resvératrol. Il aide aussi à réduire les risques de maladies cardio-vasculaires. Une autre qualité intéressante de cette molécule est sa capacité à augmenter la longévité des cellules. Les pays où l'on consomme régulièrement du vin ont une population ayant une alimentation très saine. Leur nourriture est arrosée d'huile d'olive, abonde en fruits, légumes et noix et comporte de moins grandes quantités de viande, comparativement aux menus occidentaux.

Il est recommandé d'intégrer le vin rouge aux autres aliments santé dans une optique de prévention stratégique, mais avec modération. Les scientifiques se sont basés sur bon nombre d'études effectuées dans des pays méditerranéens pour tirer leurs conclusions. Mais il y a encore de la recherche à faire sur le vin rouge et ses constituants pour déterminer jusqu'à quel point il peut jouer un rôle dans le maintien d'une bonne santé.

Les bonnes habitudes de vie

Fini le temps des régimes de privation ou des régimes miracles. Vous devez sûrement commencer à reconnaître les aliments non recommandés et chercher à les faire disparaître graduellement de votre alimentation : les charcuteries, à cause des agents de conservation chimiques, les marinades et les produits conservés dans de grandes quantités de sel, les viandes carbonisées cuites sur les flammes du barbecue, les fritures, dont les huiles sont souvent hydrogénées et qui ont été chauffées plusieurs fois et, bien entendu, les sucreries et tous les produits raffinés en général.

Le vent a tourné en faveur d'une alimentation saine, d'une meilleure connaissance des aliments santé et de l'activité physique. Ce sont des moyens simples pour prévenir le cancer. En plus des découvertes sur les aliments aidant à prévenir certaines formes de cancer et à améliorer la santé, voilà que plus d'une cinquantaine d'études poussées nous confirment que les gens sédentaires qui changent leurs habitudes de vie en pratiquant régulièrement une activité sportive, préviennent plus efficacement les risques de cancer de 30 à 40 %. Pour certains types de cancer, le pourcentage est plus élevé encore. De plus, l'exercice stimule le système immunitaire.

Enfin, toutes les formes d'activité physique que l'on peut pratiquer régulièrement ont des effets incontestables sur la santé physique et morale. Les gens déprimés améliorent leur état en pratiquant une activité qui leur permet de sortir de leur marasme et qui augmente de surcroît la sécrétion de substances endogènes sans avoir recours à des médicaments.

Les enfants sont d'autant plus concernés que certains éviteraient les problèmes d'obésité – tout comme les adultes d'ailleurs –, s'ils jouaient plus souvent dehors, marchaient pour se rendre à l'école et passaient moins de temps devant le téléviseur ou l'écran de l'ordinateur.

Cesser de fumer est l'une des grandes décisions à prendre dans la vie. Les problèmes de santé liés au tabagisme nourrissent les statistiques depuis nombre d'années. Les gens qui cessent de fumer réussissent à éliminer facilement les quelques kilos en trop en faisant un peu d'exercice ou en augmentant le rythme de leurs activités en général.

L'équilibre alimentaire

La pyramide alimentaire publiée et conçue par nos institutions gouvernementales sera appelée à évoluer. Les fondations d'un équilibre alimentaire reposent sur des classes d'aliments que nous avons la chance d'obtenir facilement et à longueur d'année. Les aliments qui ont été étudiés et qui s'avèrent efficaces dans la prévention du cancer en font justement partie.

Il est donc d'une grande importance de mettre à jour ses connaissances nutritionnelles, de porter son intérêt vers les aliments sains et, bien sûr, d'éliminer les plats de restauration rapide, souvent trop salés et riches en mauvais gras et en sucre caché. La connaissance des différents groupes d'aliments nécessaires pour composer un bon repas s'avère donc primordiale dans la préparation de menus au potentiel énergétique et phytochimique plus grand, en vue de la prévention de maladies comme le cancer, entre autres.

Les fruits et les légumes doivent figurer au menu quotidien, frais ou cuisinés de façon à conserver leurs substances bénéfiques, mais aussi les bonnes sources de protéines, les produits céréaliers à grains entiers, les lipides (matières grasses) de qualité, soit des huiles végétales santé possédant des composantes naturelles bienfaisantes.

Certaines personnes peuvent changer rapidement leur alimentation sans rencontrer de problèmes. Pour d'autres, cela demandera plus d'effort car la nourriture comme les passe-temps sont des habitudes ancrées depuis l'enfance. Il faut s'accorder le temps pour faire de nouvelles expériences culinaires, apprivoiser une recette, une nouvelle façon de cuisiner.

Si vous ne cuisinez pas souvent, commencez par des recettes simples et rapides, un poisson grillé ou une salade par exemple. Ayez sous la main tous les ingrédients suggérés avant de commencer et lisez la recette au complet pour bien exécuter ce plat qui vous met l'eau à la bouche juste en le nommant ou en parcourant la liste de tout ce qu'il vous faut pour le préparer.

Table des matières
des recettes savoureuses à découvrir...

Tableau
des ingrédients anti-cancer connus

agrumes

citron, lime, orange
pamplemousse, tangerine

autres

algue de toutes sortes, câpre
herbes (anis, basilic, coriande
persil, thym), shiitake

crucifères

brocoli, bok choy, chou blanc et coloré
choux bruxelle, chou-fleur, chou milan
chou rouge, chou vert, cresson, kale
kholorabi, nappa, navet, radis

curcuma et épices

canelle, clou de girofle, gingembre
grain de coriande, piment chili
poivre de curcuma, rouge fort

légumes divers

artichaut, asperge, aubergine, avocat
carotte, céleri, champignon, épinard
fenouil, laitue, luzerne, patate douce
pomme de terre, pois vert, poivron

ail et oignons

ail, ciboulette, échalotte française
échalotte grise, fleur d'ail, oignon
oignon espagnol, oignon perlé
oignon vert, poireau

blé

farine de blé, son de blé

chocolat noir

chocolat noir 70 % et plus

fruits divers

abricot, ananas, banane, cantaloup
goyave, jus, kiwi, mangue, melon d'eau
melon de miel, papaye, pêche, poire, pomme
prune, raisin rouge

omega-3

arachide, cajou, graine de citrouille, graine
de lin moulue, graine de tournesol, huile d'olive
huile de canola, maquereau, noix de pin, noix
de grenoble pacane, sardine, saumon, truite

petits fruits

bleuet, canneberge fraîche
canneberge séchée, cerise, groseille
fraise, framboise, mûre

soya

fêve, haricot, huile de soya, lait de soya
miso, sauce soya, tofu

thé vert

matcha en poudre, sencha
thé vert décaféiné

tomates

pâte de tomate, sauce spaghetti
sauce tomate, tomate de toutes sortes

vin rouge

vin rouge

Note

Dans les recettes qui suivent, une couleur spécifique à
chacune des sections vous permettra de mieux identifier
les ingrédients anti-cancer connus.

Entrées et accompagnements

Crostinis
olives et anchois, tapenade aux olives et tomates séchées, fromage à la crème

Pour la préparation des crostinis, calculer 3 à 4 tranches par personne. Préchauffer le four à 250 °F (190 °C). Faire des tranches minces d'environ 1/4 de pouce (1 cm). En utilisant un pinceau ou un vaporisateur, imprégner les tranches de pain et les disposer sur une plaque à biscuits recouverte de papier parchemin. Dorer pendant 5 minutes environ et laisser refroidir.

Suggestions
Pour une saveur piquante à l'ail, accentuer le goût d'ail en frottant une gousse coupée en 2 sur les tranches de pain.

Pour une dégustation originale, servir la garniture sur des tortillas chauffées au four, que l'on replie sur la garniture pour qu'ils soient plus faciles manger.

crostinis olives et anchois, 4 portions

30 olives noires Kalamata dénoyautées

1 gousse d'ail

2 filets d'anchois égouttés

3 c. à soupe de câpres rincées

1 c. à thé de thym frais haché

1 c. à soupe de jus de citron frais

Pincée de curcuma

Huile d'olive extra vierge de première pression

Tapenade aux olives et tomates séchées 4 portions

1/2 tasse de tomates séchées

1/2 tasse d'olives Kalamata dénoyautées

1 filet d'anchois

1 c. à thé d'ail haché finement

1 c. à thé de basilic frais haché

1 c. à thé de persil frais

1 c. à thé de jus de citron frais

Huile d'olive extra vierge de première pression

Pincée de curcuma

Poivre fraîchement moulu

Crostinis au fromage à la crème, 4 portions

60 g de fromage de chèvre

1 filet d'anchois

4 tomates cerises confites

2 c. à thé d'oignon rouge haché

Pincée de curcuma

Poivre noir fraîchement moulu

Rincer les câpres plusieurs fois. Couper les olives, les câpres et l'ail très finement. Verser un peu de jus de citron et d'huile d'olive. Mélanger. Ajouter de l'huile au besoin pour une belle texture.

Rectifier l'assaisonnement et ajouter du poivre et une pincée de curcuma au goût.

Pour une version onctueuse, mélanger tout au robot ou au mélangeur en additionnant d'huile d'olive.

Transférer le mélange dans un contenant hermétique au réfrigérateur, où il se conservera environ 2 semaines.

Tremper les tomates séchées dans l'eau chaude environ 30 minutes ou utiliser des tomates déjà hydratées dans l'huile d'olive.

Couper les olives, les câpres et l'ail finement. Verser un peu de jus de citron et d'huile d'olive.

Rectifier l'assaisonnement et ajouter du poivre et une pincée de curcuma, au goût.

Pour une version onctueuse, mélanger tout au robot ou au mélangeur en ajoutant de l'huile d'olive.

Suggestions
Servir sur des crostinis ou des craquelins, ou farcir de petites tomates ou de petits poivrons colorés. Transférer le mélange dans un contenant hermétique au réfrigérateur, où il se conservera environ 2 semaines.

Enduire les tomates d'huile d'olive et les disposer sur une plaque à cuisson. Les cuire 30 à 40 minutes au four à 200 °F (95 °C). Égrener le fromage de chèvre dans un bol. Garnir de tranches de tomate fraîche. Hacher les tomates et les incorporer aux autres ingrédients. Assaisonner de poivre fraîchement moulu et saupoudrer de curcuma, au goût.

Suggestions
Pour éviter les arêtes de filets d'anchois, utiliser un tamis très fin pour les réduire en purée. Transférer le mélange dans un contenant hermétique au réfrigérateur, où il se conservera environ 2 semaines.

Crostinis olives et anchois

Tapenade aux olives et tomates séchées

Crostinis au fromage à la crème

Crostinis
tomates, foie de volaille, avocat et mangue

crostinis aux tomates, 4 portions

500 g (4 tomates)
10 feuilles de basilic frais
60 ml d'huile d'olive extra vierge
Jus de citron (au goût)
Sel et poivre fraîchement moulu
Pain croûté
1 gousse d'ail

Inciser les tomates à la base et les plonger dans l'eau bouillante pas plus de 2 minutes. Refroidir à l'eau froide et les peler immédiatement. Épépiner si elles sont très juteuses et les couper en petits dés. Émincer l'ail et les feuilles de basilic. Dans un saladier, verser l'huile d'olive, le jus de citron, le sel et le poivre; fouetter. Transférer les ingrédients dans le saladier et bien mélanger. Garnir les tranches de pain grillées ou de crostinis juste au moment de servir.

 Suggestions

Si vous ne désirez pas de morceaux d'ail dans le mélange, frottez les tranches de pain huilées avec une gousse d'ail coupée en deux. Transférez le mélange dans un contenant hermétique au réfrigérateur pour une conservation d'environ 1 semaine.

Crostinis au foie de volaille, 4 portions

125 g de foie de volaille
1 petit filet d'anchois
1 gousse d'ail
Un brin de persil ciselé
1 c. à thé de thym frais
1/2 c. à thé de câpres
1 jaune d'œuf
Muscade râpée (au goût)
Sel et poivre fraîchement moulu
Huile d'olive

Faire cuire le foie de volaille dans un poêlon huilé ou antiadhésif avec le thym. Il changera de couleur. Ajouter l'ail, la muscade et le persil; cuire encore une minute. Transférer dans un robot culinaire; ajouter les anchois, les câpres et le jaune d'œuf. Mélanger pour obtenir une mixture onctueuse; ajouter de l'huile d'olive au besoin. Poivrer au goût. Étaler sur les canapés et servir immédiatement. Ranger le mélange dans un contenant hermétique au réfrigérateur, où il se conservera environ 1 semaine.

Crostinis avocat et mangue, 4 portions

1 avocat
1/2 mangue
Une poignée de noix de pin
1 c. à thé de fleurs d'ail
1 c. à thé d'huile d'olive
1/2 c. à thé de jus de lime
Pincée de curcuma
Poivre noir fraîchement moulu

Couper l'avocat et la mangue en petits cubes, les mettre dans un bol et ajouter la fleur d'ail, l'huile, le jus de lime et les noix de pin. Mélanger. Assaisonner au goût.

 Suggestions

Doubler la recette si vous ne voulez pas gaspiller l'autre moitié de la mangue. Le mélange se conservera au réfrigérateur au moins 1 semaine dans un contenant hermétique. Remplacer les noix de pin par des pistaches.

Crostinis aux tomates
Crostinis au foie de volaille
Crostinis avocat et mangue

Gravlax
à la coriandre

gravlax à la coriandre, 4 portions

150 g de filet de saumon frais
1/2 tasse de gros sel
1/2 tasse de sucre
1 c. à thé de poivre noir en grain
1 c. à thé de grains de coriandre

Écraser les grains de poivre et de coriandre au mortier ou avec un moulin à café. Dans un plat avec un rebord (en verre, en céramique ou en inox), verser le sel, le sucre et les épices moulues et mélanger. Envelopper le poisson d'une bonne couche de ce mélange et le recouvrir d'une pellicule plastique. Déposer dessus des boîtes de conserve ou tout autre contenant ayant un certain poids. Laisser au réfrigérateur de 24 à 48 heures, en retournant le filet aux 12 heures si possible. Rincer et servir en taillant des lanières très fines en utilisant un couteau bien affûté.

Suggestions

Vous pouvez utiliser de la cassonade (sucre brun) et varier les épices en conservant les mêmes quantités de sel et de sucre.

Remarque

Ce plat traditionnel de la Suède se retrouve aussi en Scandinavie, où on a abrégé le nom véritable gravad lax pour gravlax; lax voulant dire saumon et gravad, mariné.

Variante : gravlax aux herbes

Utiliser les mêmes ingrédients que pour la recette de gravlax à la coriandre. Remplacer les grains de coriandre moulues par de l'estragon et de la ciboulette séchées. L'utilisation d'herbes fraîches nécessite que vous recouvriez le poisson entièrement d'herbes et qu'il soit très comprimé dans la pellicule plastique. Vous pouvez superposer des étages de poisson-sel-sucre-herbes pour réaliser plus d'un filet à la fois. Enrouler les tranches fines de manière à former une fleur. Vaporiser d'huile d'olive, saupoudrer d'un choix d'herbes fraîches : persil, estragon ou ciboulette coupés finement.

Remarque

Le gravlax se conserve bien au réfrigérateur quelques jours bien enveloppé d'une pellicule plastique. Découvrez sa versatilité : il s'utilise très bien dans la conception de divers petits canapés, en plus de pouvoir remplacer avec classe le saumon fumé dans le populaire bagel au fromage à la crème. Il se prête bien aux pâtes en sauce à la crème rehaussées d'un peu d'herbes fraîches, telles que la ciboulette ou l'aneth ciselé, ou l'estragon

gravlax
à la coriandre

Fonds d'artichauts
aux tomates

Fonds d'artichauts aux tomates, 4 portions

4 fonds d'artichauts

Garniture

1 oignon

2 gousses d'ail

1 tasse de tomates en purée

1/2 tasse de tomates mûres en dés

2 tomates séchées en dés (facultatif)

2 c. à soupe de persil ciselé

1 c. à thé d'origan frais haché

1 c. à thé de basilic frais haché

2 c. à soupe d'huile d'olive extra vierge pressée à froid

Fromage parmesan râpé (ou romano)

Jus de citron

Sel et poivre fraîchement moulu

Pincée de curcuma

Chauffer d'abord l'huile pour y faire sauter l'oignon finement haché, l'ail et les tomates en dés et les tomates séchées. Y ajouter tous les autres ingrédients. Assaisonner au goût. Réduire le feu et cuire 30 à 60 minutes. Cuire les artichauts dans l'eau citronnée; les égoutter. Couper le feuillage et enlever le foin non comestible. Réduire les tiges à 1,5 po (4 cm). Au moment de servir, déposer la sauce chaude ou tiède dans chaque artichaut et parsemer de fromage râpé.

Suggestions

Réhydrater les tomates séchées dans un peu d'eau chaude et utiliser cette eau de trempage dans la sauce. On peut les attendrir dans l'huile d'olive de première pression. Les mettre alors dans un contenant en verre à l'abri de la lumière.

Champignons farcis aux tomates

Émincer les tomates séchées et les ramollir dans un peu d'eau chaude ou de l'huile d'olive. Faire suer les légumes avec la pâte de tomate dans une poêle. Ajouter un peu d'eau au besoin. Garnir les têtes de champignon et mettre le fromage sur le dessus. Cuire environ 10 minutes. Servir chaud ou tiède.

Champignons
farcis aux tomates

Champignons farcis aux tomates, 2-3 portions

5 gros champignons de Paris évidés

1 petite tomate en dés

2 gousses d'ail hachées

1 oignon vert ciselé

2 c. à soupe de pâte de tomate

2 petites tomates séchées

3 c. à soupe d'huile d'olive

Pincée de thym frais

Fromage parmesan râpé ou romano râpé

Sel et poivre au curcuma

Remarque

Pour qu'ils ne noircissent pas, badigeonner les champignons de Paris de jus de citron.

Fonds
d'artichauts
aux tomates

Poivrons
farcis 4 couleurs

Poivrons farcis 4 couleurs, 4 portions

4 demi poivrons évidés

12 tomates cerises

4 petits oignons

2 gousses d'ail

Huile d'olive

Vinaigre balsamique

Basilic frais

Sel et poivre au curcuma

Couper l'ail en fines lanières et les rôtir à sec. Chauffer le four à 400 ºF (200 °C). Farcir chaque demi poivron avec des tomates et de l'ail et les arroser d'un filet d'huile d'olive et de vinaigre balsamique. Les disposer sur une plaque antiadhésive ou du papier parchemin et cuire 18 à 20 minutes, au goût. Décorer avec du basilic frais ciselé et un filet de vinaigre balsamique réduit.

 ### Remarque

Pour faire une réduction de vinaigre balsamique, employer un vinaigre de qualité moyenne. Cuire à feu moyen-doux jusqu'à l'obtention d'un sirop épais. Durant cette opération, il est conseillé d'aérer convenablement la maison.

Cubes de tofu
sésame et algue

Cubes de tofu sésame et algue, 2 portions

12 petits cubes de tofu de 2,54 cm (1 po)

Huile de sésame

Huile d'arachide

Graines de sésame noires et beiges

1 bande d'algue nori

Sauce d'accompagnement

1/2 gousse d'ail écrasée

1/2 c. à thé de gingembre haché

1/4 de tasse de sauce Mirin

60 ml (1/4 de tasse) de sauce soya légère

Chips de crevettes

Carotte

Daikon

Vinaigre de riz (facultatif)

Cubes de tofu sésame et algue

Déposer les cubes de tofu entre plusieurs feuilles de papier absorbant. Appliquer un poids (planche à découper). Laisser environ 30 minutes pour assécher. Mélanger les ingrédients de la sauce d'accompagnement. Râper finement la carotte et le radis japonais et verser un trait de vinaigre de riz. Réserver. Chauffer l'huile d'arachide parfumée d'huile de sésame. Cuire quelques chips de crevettes. Les égoutter sur du papier absorbant. Découper de petites bandelettes d'algue. Faire sauter les cubes dans l'huile chaude jusqu'à ce qu'ils soient dorés. Les égoutter et les garnir aussitôt d'algue ou les rouler dans les graines de sésame. Servir avec la sauce et une chip de crevette contenant des légumes râpés.

Poivrons farcis
4 couleurs

Légumes grillés
à la française

Légumes grillés à la française, 3-4 portions

1 grosse courgette jaune
4 pâtissons
1 pomme
4 gousses d'ail
Jus de citron
Brins de romarin et d'estragon
Persil
Huile d'olive de première pression
Beurre demi-sel clarifié

Au mélangeur, réduire quelques brins de persil dans de l'huile d'olive (ajuster la quantité, soit environ 2 c. à soupe d'huile par personne). Passer au tamis fin. Réserver. Trancher les légumes. Couper la pomme en quartiers et l'arroser de jus de citron frais. Ciseler les herbes. Verser assez d'huile et de beurre clarifié dans un bol; y déposer les brins d'herbes et les légumes. Les retourner délicatement pour bien les enrober. Chauffer une poêle cannelée. Griller à feu vif les légumes avec les herbes pour les aromatiser, environ 2 à 5 minutes de chaque côté. Servir chaud pour accompagner un plat de volaille, de poisson ou de viande rôtie.

 Suggestions

Offrir de l'huile d'olive au persil pour y tremper du pain croûté et les légumes grillés. Parsemer de fromage de chèvre crémeux.

Légumes grillés style méditerranéen, 6 portions

1 bulbe de fenouil
1 bouquet de rappinis
1 aubergine
3 poivrons de couleur
1 grappe de tomates cerises
1 gousse d'ail
Basilic
Origan
Huile d'olive
Vinaigre balsamique
Sel et poivre fraîchement moulu

Trancher les légumes mais garder les tomates cerises entières. Enrober les légumes, les gousses d'ail et les brins d'herbes fraîches d'huile d'olive. Faire sauter les tomates à feu moyen-doux dans une poêle cannelée. Réserver. Augmenter la température et faire sauter tous les légumes à feu vif en les retournant. Assaisonner. Réserver au chaud. Disposer les légumes dans une assiette de service. Arroser de vinaigre balsamique rouge ou blanc. Servir chaud.

La cuisson sur le gril demande de la surveillance. Le temps de cuisson varie entre 4 à 5 minutes.

 Suggestions

Vous pouvez cuire au four à basse température (200 ºF / 95 ºC) la grappe de tomates cerises enduites d'huile d'olive. Elles cuiront lentement pendant 1 heure tout en restant entières. Un délice !

Légumes grillés à l'orientale, 2-3 portions

1 petit bok choy
1 aubergine chinoise ou régulière
Fèves germées
1 carotte
Sauce soya
Gingembre râpé
2 c. à soupe de miel
2 gousses d'ail
Arachides
Huile d'arachide
Huile de sésame
Sauce Mirin
Arachides grillées

Trancher les légumes et une gousse d'ail. Hacher l'autre gousse d'ail et le gingembre. Porter de l'eau à ébullition dans un faitout. Y mettre le miel, l'ail haché et le gingembre. Cuire les légumes coupés 2 à 3 minutes. Les égoutter et les assécher. Enrober les légumes et la gousse d'ail tranchée d'un mélange d'huile d'arachide et d'huile de sésame. Dans une poêle cannelée, cuire à feu vif les légumes quelques minutes de chaque côté. Arroser de sauce soya et glacer avec un trait de sauce Mirin. Garnir d'arachides légèrement grillées. Servir chaud pour accompagner un plat de poisson, de tofu grillé ou tout autre mets oriental.

 Suggestions

La cuisson sous le gril demande de la surveillance. Le temps de cuisson varie entre 4 à 5 minutes.

Légumes grillés
à la française

Endives
farcies au poulet

Endives farcies au poulet, 6-7 portions

1 endive
2 c. à thé de poivron vert
1 champignon shiitake
1 c. à thé de petits oignons rouges
2 c. à thé d'orange
1/2 suprême de poulet
Sauce soya
1 c. à thé de Sauce Mirin

Faire tremper le champignon 30 minutes dans l'eau chaude. Le presser sur un linge pour enlever l'eau, couper le bout sec de la tige. Couper tous les légumes très finement. Tailler de petits cubes d'orange. Trancher le poulet en fines lanières ou en petits cubes. Faire sauter tous les ingrédients dans l'huile quelques minutes. Verser un filet de sauce soya et terminer en glaçant avec la sauce Mirin. Détacher les feuilles d'endive. Farcir chaque feuille et les disposer dans une assiette de service. Servir immédiatement.

Suggestions

Faire des suprêmes d'agrumes est relativement simple : munissez-vous d'un bon couteau, taillez une extrémité et glissez la lame entre la pulpe et l'écorce; découpez les quartiers de manière à les dégager complètement de leur enveloppe. N'oubliez pas que les fruits et les légumes acides usent les lames de couteau.

Choux-fleurs
en sauce aux fromages suisses

Choux-fleurs en sauce aux fromages suisses
6 portions

4 tasses de choux-fleurs colorés
400 g de fromage gruyère râpé
400 g de vacherin de Fribourg râpé
1 petite gousse d'ail coupée
1 c. à soupe de jus de citron
4 c. à thé de fécule de maïs
1 trait de kirsch
1 petit verre de vin blanc sec
1 c. à soupe d'huile de noisette
1 c. à thé de curcuma
Poivre noir fraîchement moulu

Choux-fleurs en sauce aux fromages suisses

Suggestions

La recette traditionnelle suggère une pincée de muscade à la place du curcuma. Remplacer le vacherin par de l'appenzell, gruyère à saveur fruitée. Ce sont les fromages typiques entrant dans la recette « moitié-moitié » de fondue suisse.

Comme pour la préparation d'une fondue au fromage, commencer par frotter le chaudron avec la moitié de la gousse d'ail. Bien mélanger les 2 fromages râpés dans un bol, en saupoudrant de fécule. Verser le vin blanc dans le chaudron et amener à ébullition. Verser le jus de citron. Ajouter les fromages en petites quantités à la fois, tout en remuant jusqu'à ce que toute la quantité soit incorporée. Verser l'huile de noisette et un trait de kirsch. Porter à ébullition en relevant avec un peu de curcuma et un peu de poivre noir. Baisser le feu. Étuver les choux-fleurs. Les éponger. Napper chaque portion de fromage fondu.

Endives farcies
au poulet

Oignons farcis

parmesan et romarin, bleuets sauvages, champignons, tomates séchées

Oignons farcis au parmesan et romarin
par personne

1 oignon moyen	2 c. à thé de parmesan râpé
1 gousse d'ail	Crème à cuisson
1/2 c. à thé de romarin haché	1 tranche de prosciutto
Poivre noir au curcuma	Brin de romarin

Blanchir l'oignon dans l'eau bouillante. Prélever la chair et la couper en dés; émincer l'ail et hacher le romarin finement. Ajouter la crème et le fromage parmesan. Mélanger. Assaisonner au goût. Envelopper l'oignon de prosciutto et le faire tenir avec un brin de romarin. Farcir l'oignon et cuire au four à 400 °F (200 °C) 10 à 15 minutes.

Oignons farcis aux bleuets sauvages
par personne

1 gousse d'ail	Pincée de thym frais
1 c. à soupe comble de bleuets sauvages	Sel et poivre
1 c. à soupe de vin rouge	1 tranche de prosciutto
1 trait d'huile de noisette	Brin de romarin

Blanchir l'oignon dans l'eau bouillante. Prélever la chair et la couper en dés; émincer l'ail et hacher le thym finement. Mélanger tous les ingrédients. Assaisonner au goût. Envelopper l'oignon de prosciutto et le faire tenir avec un brin de romarin. Farcir l'oignon et cuire au four à 400 °F (200 °C) 10 à 15 minutes.

Oignons farcis aux champignons
par personne

1 gousse d'ail	1 c. à soupe de crème à cuisson
1 champignon de Paris	Sel et poivre noir au curcuma
Huile d'olive aromatisée à la truffe	1 tranche de prosciutto
Pincée de romarin frais	Brin de romarin
2 c. à soupe de parmesan	

Blanchir l'oignon dans l'eau bouillante. Prélever la chair et la couper en dés; émincer l'ail et couper le romarin et le champignon finement. Ajouter la crème et le fromage parmesan. Mélanger. Assaisonner au goût. Envelopper l'oignon de prosciutto et le faire tenir avec un brin de romarin. Farcir l'oignon et cuire au four à 400 °F (200 °C) 10 à 15 minutes.

Oignons farcis aux tomates séchées
par personne

1 gousse d'ail
1 tomate séchée
1 c. à soupe de vin rouge
Pincée de thym frais
1/2 c. à thé de parmesan (facultatif)
Sel et poivre
1 tranche de prosciutto
Brin de romarin

Tremper la tomate séchée dans l'eau chaude environ 30 minutes. La couper en dés. Blanchir l'oignon dans l'eau bouillante. Prélever la chair et la couper en dés; hacher l'ail et le thym très finement. Mélanger tous les ingrédients. Assaisonner au goût. Envelopper l'oignon de prosciutto et le faire tenir avec un brin de romarin. Farcir l'oignon et cuire au four à 400 °F (200 °C) 10 à 15 minutes.

Suggestions

Sauter l'étape de trempage si vous utilisez des tomates conservées dans l'huile. Remplacer le fromage Parmesan par du fromage de chèvre ou de l'emmental.

Oignons farcis au parmesan et romarin

Oignons farcis aux bleuets sauvages

Oignons farcis aux tomates séchées

Oignons farcis aux champignons

Pommes de terre
ciboulette, tomate, poivron et fromage

Pommes de terre garnies à la ciboulette
par personne

1 pomme de terre bleue

Garniture

2 c. à soupe de crème sûre

2 brins de ciboulette

Sel et poivre fraîchement moulu

Quinoa cuit

2 c. à soupe d'huile d'olive

Préchauffer le four à 400 ºF (200 ºC). Laver et sécher la pomme de terre. L'envelopper dans du papier d'aluminium. Cuire 30 à 40 minutes, au goût, sur la grille du centre dans le four. Fendre délicatement la pomme de terre et déposer la garniture. Accompagner d'une céréale cuite arrosée d'huile d'olive ou d'une noix de beurre.

Pommes de terre garnies à la tomate
par personne

1 pomme de terre blanche

Garniture

2 c. à soupe de tomates en dés

Persil ciselé

1 oignon vert

Cresson

1 filet d'huile d'olive

Vinaigre balsamique (facultatif)

Sel et poivre au curcuma

125 ml (1/2 tasse) de millet cuit

Préchauffer le four à 400 ºF (200 ºC). Laver et sécher la pomme de terre. L'envelopper dans du papier d'aluminium. Cuire 40 à 60 minutes, au goût, sur la grille centrale du four. Mélanger le millet, les dés de tomates et le reste des ingrédients. Remuer. Laisser au réfrigérateur. Sortir 15 minutes avant de servir. Fendre délicatement la pomme de terre et déposer la garniture.

Pommes de terre garnies au poivron et fromage
par personne

1 pomme de terre rouge

Garniture

1 c. à soupe de poivrons en dés

1 œuf brouillé

2 à 3 c. à soupe de fromage à fondue suisse préparé

Sarrasin cuit (kasha)

2 c. à soupe d'huile d'olive

Préchauffer le four à 400 ºF (200 ºC). Laver et sécher la pomme de terre. L'envelopper dans du papier d'aluminium. Cuire 30 à 40 minutes sur la grille centrale du four. Battre l'œuf et le cuire dans un poêlon rapidement en remuant à la fourchette. Faire chauffer le fromage à fondu juste au moment de servir. Fendre délicatement la pomme de terre et déposer l'œuf brouillé et les dés de poivron. Napper de fromage fondu. Accompagner d'une céréale cuite arrosée d'huile d'olive ou d'une noix de beurre.

Pommes de terre garnies
à la ciboulette

Pommes de terre garnies
au poivron et fromage

Pommes de terre
garnies à la tomate

Choux
de Bruxelles épicés

Choux de Bruxelles épicés, 6 portions

3 tasses de choux de Bruxelles

4 c. à soupe d'amandes hachées

1 c. à soupe de gingembre haché

1 c. à soupe de jus de lime

Tranches de lime

1/2 c. à thé de graines de cumin

1/2 c. à thé de graines de moutarde jaune

1/2 c. à thé de graines de fenouil

Pincée de poivre de Cayenne

Pincée de curcuma

Sel et poivre fraîchement moulu

Huile d'olive

Choux de Bruxelles à saveur d'Orient, 6 portions

3 tasses de choux de Bruxelles

Huile de sésame ou de tournesol

3 oignons verts

1 petite carotte ou une patate douce

Mélange de cinq épices

Sauce soja légère

Dans un poêlon, griller à sec les amandes hachées quelques minutes. Réserver. Griller les épices. Les moudre au mortier. Hacher les choux de Bruxelles en lanières. Chauffer un peu d'huile et faire revenir les choux avec les épices, le gingembre et les amandes. Remuer fréquemment pour bien amalgamer les parfums. Verser le jus de lime et ajouter un peu d'huile ou d'eau si le mélange est trop sec. Assaisonner. Servir chaud ou froid, agrémenté de tranches de lime.

Choux de Bruxelles à saveur d'Orient

Nettoyer les choux de Bruxelles; enlever les feuilles flétries et les trancher finement. Couper les choux en deux. Couper la carotte en cubes et couper l'oignon vert en rondelles. Blanchir les choux de Bruxelles dans l'eau bouillante quelques minutes. Passer sous l'eau froide. Égoutter. Chauffer assez d'huile dans un wok ou une poêle. Incorporer les choux avec les autres légumes et les faire revenir 2 minutes sans les faire dorer. Saupoudrer du mélange de cinq épices, verser la sauce de soja et cuire encore quelques minutes. Servir chaud pour accompagner un plat de viande ou de poisson.

Suggestions

Blanchir la patate douce avec les choux pour l'attendrir avant de la faire sauter dans l'huile. Délayer de la pâte de miso bio pour remplacer la sauce soya. Pour une saveur différente, ajouter de l'ail rôti en remplacement de la ciboulette. Faire revenir des oignons hachés finement pour une autre saveur encore.

Chou aigre-doux au carré, 4 portions

1/2 chou vert ou blanc

1 poivron rouge

1 c. à soupe de sauce de soja légère

1 c. à soupe de vinaigre de riz

1 c. à thé de miel

1/4 de piment rouge thaïlandais (facultatif)

Poivre du Sichuan moulu

Huile de soya

Huile de sésame

Hacher le morceau de piment thaïlandais très finement. Couper des carrés d'environ 2,5 x 1 cm (1 x 1/2 po) dans les feuilles de chou. Les blanchir dans l'eau bouillante quelques minutes. Passer sous l'eau froide. Égoutter. Détailler les poivrons. Faire chauffer l'huile dans un wok préchauffé. Faire sauter les légumes 1 à 2 minutes. Assaisonner de poivre de Sichuan, au goût. Verser ensuite la sauce de soja, le vinaigre, le miel et l'huile de sésame. Remuer pour bien imprégner les saveurs et servir aussitôt.

Chou aigre-doux au carré

Choux de Bruxelles épicés

Chou-fleur
en croustade

Chou-fleur en croustade

1 chou-fleur
2 gousses d'ail
2 oignons verts
2 c. à soupe de persil haché
4 c. à soupe de fromage râpé
1/4 de tasse de noix de pin
1/2 tasse de chapelure fine de pain au kamut ou de blé entier
1 c. à soupe de fromage parmesan ou romano
Huile d'olive
Sel et poivre noir au curcuma

Préchauffer le four à 425 °F (220 °C). Couper l'ail et le persil finement. Hacher les noix si désiré. Faire revenir l'ail et l'oignon vert à feu moyen quelques minutes dans l'huile. Incorporer tous les ingrédients dans un bol, remuer et assaisonner. Détacher les bouquets et les blanchir environ 10 minutes dans l'eau bouillante. Égoutter. Les disposer dans un plat de service allant au four. Saupoudrer la panure aux noix sur le chou-fleur. Cuire 10 minutes, puis augmenter à l'intensité maximale pour griller à une distance d'environ 7 à 8 po du gril, 3 à 5 minutes environ. Ils doivent dorer légèrement. Servir aussitôt avec votre plat principal.

Suggestions

Utiliser le dos d'une passoire métallique pour réaliser une chapelure fine.

Brocoli
sauce citronnée

Brocoli sauce citronnée, 4 portions

1 brocoli
Le jus d'un citron et son zeste
1/4 de tasse de sauce soya légère
Un peu de miel (facultatif)

Mélanger le jus de citron avec la sauce soya. Séparer le brocoli en fleurons. Peler les tiges. Étuver quelques minutes. Éponger. Parsemer de fins morceaux de zeste de citron et servir avec la sauce soya au citron.

Suggestions

Les enfants mangeront toute leur portion de brocoli avec cette sauce qui semble couper l'amertume tenace de ce légume. Ajouter un peu de miel dans la sauce pour varier. Une version à l'orange est également succulente. Ajouter des noix de cajou grillées à sec et votre apport en oméga et en protéines assimilables s'en trouve augmenté à même un seul légume d'accompagnement.

Chou-fleur en croustade
Brocoli sauce citronnée

Courgettes farcies
champignons, fromage de chèvre et tomates séchées

Courgettes farcies aux champignons
3-4 portions

2 courgettes
10 à 12 champignons de Paris
1 à 2 gousses d'ail
2 c. à thé d'huile d'olive
2 c. à soupe de vin rouge
2 c. à soupe de graines de lin
Pincée de thym frais
Sel et poivre
Pincée de curcuma

Courgettes farcies au fromage de chèvre et tomates séchées, 3-4 portions

2 à 3 c. à thé de fromage de chèvre crémeux
2 tomates séchées hachées
Pincée de persil ciselé
Sel et poivre
Pincée de curcuma

Gratin
dauphinois typique

Gratin dauphinois typique, 4 portions

2 lb (1 kg) de pommes de terre
2 œufs
50 g de beurre
40 ml de lait non écrémé
40 ml de crème à cuisson
1 gousse d'ail
Sel et poivre fraîchement moulu

Hacher les champignons et l'ail très finement. Faire suer afin d'évacuer l'eau de végétation. Utiliser un poêlon antiadhésif. Lorsque la préparation est sèche, ajouter le vin rouge et faire réduire. Assaisonner et compléter en incorporant les graines de lin, le curcuma et le thym. Farcir les demi courgettes. Enfourner 175 ºF à 350 ºF. Cuire 15 à 20 minutes. Les courgettes doivent demeurer fermes et croquantes. Servir chaud ou tiède.

Remarque
Le terme duxelles revient souvent en cuisine. Il s'agit d'un hachis de champignons, d'ail et d'échalote utilisé dans les farces.

Mélanger tous les ingrédients et farcir les courgettes. Cuire à 350 ºF (175 ºC) 15 à 20 minutes. Les courgettes doivent demeurer fermes et croquantes. Cet accompagnement est meilleur chaud.

Gratin dauphinois typique

Éplucher les pommes de terre, les laver et les assécher. Détailler en fines rondelles. Mélanger le lait avec la crème à cuisson et chauffer à feu doux. Couper l'ail en deux et frotter le plat à gratin. Par la suite, beurrer le plat et disposer les rondelles de pomme de terre. Assaisonner. Délayer les œufs avec un peu de lait et ajouter 1 c. à thé rase de sel. Incorporer au fouet ce mélange à celui de crème et de lait tiédi. Verser sur les pommes de terre et cuire au four préchauffé à 410 ºF (210 ºC) pendant 1 heure. Les pommes de terre vont être dorées et croustillantes en surface mais fondantes à l'intérieur.

Suggestions
Si les pommes de terre dorent trop vite, recouvrir le plat d'une feuille de papier d'aluminium ou d'un couvercle avant la fin de la cuisson.

Courgettes farcies
au fromage de chèvre
et tomates séchées

Courgettes farcies
aux champignons

Tartare
de saumon

Tartare de saumon, 2 portions

125 g de saumon
1/2 pomme Granny Smith en dés
1 c. à soupe de gingembre (facultatif)
1 c. à soupe d'oignon vert
1 c. à soupe d'huile d'olive
1 c. à soupe d'huile de pépins de raisin
Persil haché
Sel et poivre fraîchement moulu
Pincée de curcuma (facultatif)
1/4 de c. à thé de jus de lime (facultatif)

À l'aide d'un couteau bien effilé, tailler des cubes de saumon assez grossièrement. Couper la pomme en dés. Couper l'oignon vert très finement ainsi que le gingembre. Ciseler le persil. Dans un bol en verre ou en inox, mélanger tous les autres ingrédients. Préparer le tartare à l'aide d'un emporte-pièce. Réfrigérer 20 à 30 minutes si désiré et ajouter un peu de jus de lime ou de citron, au goût, au moment de servir.

 Suggestions
Varier ce tartare en y ajoutant une poire (Bosc) coupée en dés et mélanger une autre herbe telle que de l'estragon finement haché et un peu d'échalote grise, selon ce que vous avez sous la main. Remplacer le saumon par de la truite; le poivre noir par du poivre rose.

 À découvrir
Les petits sacs d'oignons perlés, communément appelés grelot, rouges ou blancs, qui se cuisinent si bien et génèrent moins de perte que les oignons réguliers lorsque vous cuisinez en plus petites quantités. Tremper l'oignon 1 minute dans l'eau bouillante pour qu'il soit plus facile à peler.

Les échalotes grises ou françaises sont de la même famille (liliacées) que les oignons jaunes, couramment employés en cuisine, et les bulbes de tulipes !

Concombres
farcis au fromage
et aux mûres

Concombres farcis au fromage et aux mûres
6 portions

1 concombre anglais
100 g de fromage à la crème faible en gras
12 mûres
Ciboulette fraîche ciselée
Sel et poivre fraîchement moulu
Pincée de curcuma (facultatif)

Tartare de saumon

Trancher le concombre en morceaux d'environ 2 po (6 cm). À l'aide d'une cuillère parisienne (cuillère à melon), vider l'intérieur tout en conservant une base de 2 cm (1/2 po). Ciseler la ciboulette et la mélanger avec le fromage à la crème. Assaisonner. Déposer la moitié d'une mûre au fond et farcir de fromage (environ 1 c. à soupe). Garnir d'une mûre et de brins de ciboulette fraîche.

 Suggestions
Ces entrées peuvent être préparées à l'avance. Par contre, le fromage risque avec le temps de prendre la couleur des baies. Déposer les mûres au moment de servir.

Concombres farcis
au fromage et aux mûres

Soupes et potages

Bases de bouillon
pour des soupes orientales et internationales

base pour bouillon de poulet (1,5 l et plus)

1 carcasse de poulet ou
1 poulet entier de 1 kg (2,2 lb)
2 branches de céleri
1 oignon
2 carottes
1 gousse d'ail
Persil frais
2 litres d'eau
sel

Mettre tous les ingrédients dans un faitout. Porter à ébullition, en écumant la surface de temps à autre. Réduire le feu et couvrir partiellement. Laisser mijoter 2 heures. Poivrer en fin de cuisson. Filtrer le bouillon. Laisser refroidir. Dégraisser. Réfrigérer en couvrant hermétiquement ou congeler dans des contenants.

Remarque
Si vous utilisez un poulet entier, faites-le refroidir avant de le désosser pour usage ultérieur.

base pour bouillon de poisson (1,5 l et plus)

Une tête de saumon, avec les restes
2 oignons moyens, émincés
1 carotte, coupée en rondelles
1 ou 2 branches de céleri, émincées
1 filet (1 c. à soupe) de jus de citron
1 bouquet garni
2 litres d'eau

Laver la tête et les restes de poisson. Les mettre dans un faitout. Les recouvrir d'eau et porter à ébullition. Émincer l'oignon, couper le céleri et la carotte en morceaux. Écumer la surface et incorporer le reste des ingrédients. Laisser mijoter avec le couvercle à feu doux 30 minutes. Bien filtrer le bouillon. Laisser refroidir. Conserver au réfrigérateur ou congeler.

Suggestions
Par restes, on entend la peau et les arêtes du poisson. On peut utiliser d'autres poissons : le maquereau ou la truite (qui demanderaient probablement 2 à 3 têtes, arêtes et peau). Un bouillon de poisson doit être consommé dans les 2 jours qui suivent.

Remarque
Un bouquet garni comprend un choix de fines herbes; le bouquet classique comprendra du thym, du persil et des feuilles de laurier. Sa taille est relative ; elle dépend de la quantité de liquide à aromatiser. On conseille de ficeler les herbes sèches ou fraîches. Si vous utilisez des herbes sèches, enveloppez-les d'étamine (tissu pour filtrer).

base pour bouillon de légumes (1,5 l et plus)

1 botte d'oignons verts
1 grosse carotte, coupée en dés
1 branche de céleri, hachée
1/2 bulbe de fenouil
1 gousse d'ail
1 feuille de laurier
Brins de persil et d'estragon frais
2 litres d'eau
Poivre

Mettre tous les ingrédients dans un grand faitout et porte à ébullition.

Écumer de temps à autre. Laisser mijoter à feu doux 45 minutes en couvrant partiellement. Retirer du feu. Poivrer mais ne pas saler. Laisser refroidir. Passer au tamis fin ou bien recouvrir une passoire d'un linge fin et vider le contenu du faitout au dessus d'un grand récipient. Jeter les fines herbes et les légumes. Conserver au réfrigérateur jusqu'à 3 jours ou congeler.

Suggestions
Il est préférable de ne pas saler à la cuisson. Un bouillon de base s'adaptera mieux ainsi au plat auquel il sera incorporer.

base pour bouillon de poulet
base pour bouillon de poisson
base pour bouillon de légumes

Soupes repas
tofu et légumes, nouilles et dinde

Soupe au tofu et légumes, par personne

250 à 300 ml (1 1/4 tasse) de bouillon au miso

1 petit bok choy

Carottes émincées

Pousses de bambou

1 morceau de tofu

1 oignon vert

1 gousse d'ail

1 portion de vermicelles de riz

Huile végétale bio (d'arachide, de canola)

Sauce Mirin (facultatif)

Sauce soya

Tremper les vermicelles dans l'eau chaude avant de les cuire dans l'eau bouillante. Égoutter. Préparer un bouillon en délayant 2 cuillères à soupe de miso par litre d'eau bouillante (soit environ 1 c. à thé par tasse d'eau). Le faire chauffer à feu moyen-doux. Couper les légumes. Réserver. Presser le tofu entre des essuie-tout. Bien l'assécher. Couper en cubes et en conserver une tranche. Faire griller de chaque côté la tranche dans un poêlon huilé. Faire sauter les légumes avec l'ail haché et un trait de sauce soya. Verser de la sauce Mirin à la toute fin. Rassembler tous les ingrédients dans le bol de soupe et garnir avec les légumes et le tofu. Servir.

Remarque

Le tofu est un aliment de plus en plus apprécié car il est pauvre en gras. De plus, ses isoflavones sont reconnus pour leurs propriétés anticancer. Ce lait de soya caillé se déguste chaud ou froid, grillé, mariné ou nature. Le tofu soyeux est disponible nature ou aromatisé. Il permet de préparer smoothies et desserts et rendra un potage velouté. On peut s'en procurer facilement au supermarché, dans les épiceries orientales et dans les épiceries spécialisées.

Soupe aux nouilles et à la dinde, par personne

250 à 300 ml (1 1/4 tasse) de bouillon de poulet de base

1 portion de dinde

1 portion de nouilles udon

1 portion de bok choy

1 champignon pleurote

2 mini maïs

1 petite carotte

Oignon doux (une tranche)

Graines de sésame noires

Sauce soya

Huile de sésame

Huile d'arachide bio

Poivre Sichuan

Faire chauffer le bouillon de poulet. Parfumer d'une pincée de poivre de Sichuan. Trancher la dinde en lanières et couper le champignon et les autres légumes. Les cuire rapidement dans l'huile, dans un wok ou à la poêle. Les légumes doivent demeurer croustillants. Verser un trait de sauce soya. Cuire les nouilles dans l'eau bouillante. Les égoutter puis les transférer dans un bol. Ajouter le bouillon et les autres ingrédients. Saupoudrer de graines de sésame noires et parfumer de quelques gouttes d'huile de sésame.

Suggestions

Le bok choy peut facilement être remplacé par d'autres variétés de laitues orientales offertes à l'année chez l'épicier et dans les épiceries orientales. Remplacer la dinde par du poulet ou du magret de canard. Utiliser alors la graisse de canard pour faire sauter les légumes.

Soupe aux nouilles
et à la dinde

Soupe au tofu et légumes

Soupes repas
crevettes et nouilles, poisson et nouilles

Soupe aux crevettes et aux nouilles, par personne

250 à 300 ml (1 1/4 tasse) de bouillon de poisson

1 portion de vermicelles de riz

3 ou 4 crevettes

1 petite gousse d'ail

Oignons verts

1 petite branche de céleri

Champignons enokitake

1 c. à soupe de jus de lime

1 tranche de lotus frit pour garnir

Gingembre haché

Saké

Sauce soya

Huile de canola bio

Faire chauffer le bouillon de poisson à feu moyen. Faire sauter les crevettes dans l'huile quelques minutes avec l'ail émincé et un peu de gingembre râpé. Verser un trait de saké ou de vin de cuisson chinois, ou encore, de la sauce Mirin (plus sucrée) à la toute fin. Réserver. Tremper les vermicelles dans l'eau chaude 5 minutes environ avant de les cuire rapidement dans l'eau bouillante. Égoutter et disposer dans un bol. Couper le céleri en dés et les oignons verts en rondelles. Les faire sauter 2 minutes pour les attendrir. Verser un petit filet de sauce soya, au goût. Verser le bouillon chaud sur les vermicelles. Garnir avec les légumes sautés, un bouquet d'enoki (crus) et les crevettes. Servir avec une tranche de lotus frit.

Suggestions

Pour faire des tranches de lotus frit rapidement, couper la racine de lotus en tranches minces. Les éponger soigneusement. Frire dans l'huile d'arachide ou dans une friteuse. Les déposer ensuite sur du papier absorbant. Saler immédiatement, si désiré. Elles peuvent être conservées dans un contenant à l'abri de l'humidité, comme les croustilles à base de pommes de terre.

La racine de lotus, renkon en japonais, contient de l'amidon et seulement 15 % de sucre. Son aspect de fleur apporte une touche d'originalité aux plats. Sa saveur très douce demande à être rehaussée en salade par une vinaigrette ou doit être assaisonnée dans les tempura (friture de poisson ou de légumes à pâte très légère provenant de la cuisine japonaise).

Soupe au poisson et aux nouilles, par personne

250 à 300 ml (1 1/4 tasse) de bouillon de légumes

1 c. à soupe d'algues wakame séchées (facultatif)

Poisson blanc à chair ferme, en lanières

Nouilles udon

Carottes émincées

Radis

Chou chinois en lamelles

Feuille de yuba

Ail émincé

4 à 5 amandes ou noix de cajou

Huile de noix

Saké ou sauce Mirin ou vin de cuisson chinois

Sauce soya

Faire chauffer le bouillon de légumes à feu moyen et y ajouter les algues wakame séchées. Couper le poisson en bouchées et le faire sauter dans l'huile (mais non fumante) quelques minutes avec l'ail émincé. Terminer en versant un trait de saké ou de vin de cuisson chinois; réserver. Couper le radis en fines lamelles et le faire sauter avec le chou chinois, si désiré. Verser un petit filet de sauce soya, au goût. Faire tremper la feuille de yuba 5 minutes dans l'eau tiède. La découper en petits copeaux. Faire rôtir quelques amandes à sec. Réserver. Cuire les nouilles dans l'eau bouillante. Égoutter et disposer dans un bol. Ajouter les morceaux de yuba dans le bouillon et remuer. Verser le bouillon chaud dans les bols. Garnir avec les légumes sautés, des amandes grillées et le poisson. Servir.

Suggestions

Les nouilles udon sont des nouilles de blé épaisses. On peut les trouver fraîches ou séchées dans les épiceries orientales. Remplacer les nouilles udon par des nouilles ramen (nouilles étirées). Les ramen sont originaires de Chine et sont très populaires au Japon et un peu partout dans le monde (un musée leur est consacré au sud de Tokyo, à Yokohama). Ce sont des nouilles de blé aux œufs. Les plus courantes sont les nouilles instantanées qu'on retrouve dans de petits paquets.

Soupe au poisson et aux nouilles
Soupe aux crevettes et aux nouilles

Potages
au brocoli

Potage au brocoli, 4 portions

1 brocoli
1 oignon jaune moyen
1 gousse d'ail
1 tranche de pancetta
1 tasse de céréales cuites (riz, tapioca, orge)
1 c. à soupe de persil frais
1 pincée d'épices (curcuma, cumin et coriandre)
2 c. à soupe d'huile d'olive extra vierge
1 litre d'eau ou de bouillon (poulet ou légumes)

150 g (5 oz) de tofu soyeux ou 1/2 tasse
de lait de soya non sucré

Séparer le brocoli en bouquets. Faire revenir la pancetta, l'oignon et l'ail haché dans un poêlon; saupoudrer une pincée de chaque épice. Retirer la pancetta. Porter 1 litre d'eau à ébullition et cuire le brocoli 5 minutes. Incorporer les oignons, l'ail et le riz cuit et bien mélanger. Cuire 10 minutes de plus. Passer au mélangeur en versant le lait de soya ou le tofu soyeux. Rectifier l'assaisonnement. Bien mélanger. Servir chaud accompagné de petits morceaux de brocoli cru et de croûtons.

Suggestions
Ajouter du lait de soya pour une texture plus crémeuse (une partie de lait pour 3 parties de potage). Remplacer le lait de soya par de la crème fleurette ou du lait. Éviter de faire bouillir. Le mélange se conserve au congélateur environ 1 mois. Diviser en portions individuelles prêtes à servir.

Potage aux tomates et poivron rouge, 4 portions

3 grosses tomates
3 poivrons rouges
1/2 c. à thé d'ail (facultatif)
1 échalote française
1 c. à soupe de persil haché
750 ml (3 tasses) de bouillon de poulet ou de légumes
1 c. à soupe de pâte de tomate
1/4 c. à thé de curcuma
Sel et poivre noir

Huile d'olive

Couper l'échalote et les poivrons en morceaux. Hacher l'ail. Les faire revenir dans l'huile d'olive pour les attendrir. Trancher les tomates. Faire chauffer le bouillon dans un faitout jusqu'à ébullition. Incorporer tous les ingrédients. Réduire le feu à moyen-doux et laisser mijoter environ 30 minutes. Passer au mélangeur. Ajouter du bouillon ou de l'eau si la consistance est trop épaisse. Rectifier l'assaisonnement. Servir avec un petit filet d'huile d'olive.

Remarque
Le poivron rouge a des propriétés antioxydantes appréciables. Il se combine bien avec les lycopènes fournis par les tomates.

Potage au brocoli
Potage aux tomates et poivron rouge

Potages
mixtes

Potage aux poireaux, 4 portions

2 poireaux
1 pomme de terre
1 gousse d'ail
1 feuille de laurier
1 c. à soupe de persil frais
1 c. à soupe de feuilles de cœur de céleri
1 c. à thé de ciboulette séchée
3 c. à soupe d'huile d'olive extra vierge
1 litre (4 tasses) d'eau ou de bouillon de poulet
Lait ou crème (facultatif) ou lait de soya non sucré
Sel et poivre fraîchement moulu

Trancher les poireaux en rondelles et les faire cuire dans l'huile d'olive jusqu'à ce qu'ils deviennent transparents. Ajouter l'ail coupé en morceaux. Dans un faitout, porter l'eau à ébullition et cuire la pomme de terre râpée. Incorporer les poireaux, les feuilles de céleri et les herbes. Mélanger et assaisonner. Laisser mijoter 20 à 30 minutes à feu doux. Enlever la feuille de laurier. Passer au mélangeur et ajouter du lait de soya, de la crème ou du lait pour obtenir une crème onctueuse. Rectifier l'assaisonnement.

Crème de chou-fleur, 4 portions

1 petit chou-fleur
1/2 bulbe de fenouil
1 tasse de riz cuit
20 ml de crème
250 g de pommes de terre
Lait de soya non sucré ou crème fleurette
1 c. à soupe d'huile de canola
ou de tournesol biologique
Jus de citron
1 feuille de laurier
Curcuma
Persil et ciboulette ciselés
Sel et poivre fraîchement moulu

Couper la base du chou-fleur pour mieux le séparer en bouquets. Arroser de jus de citron. Trancher le fenouil. Dans un faitout, porter 1 litre d'eau salée à ébullition. Réduire le feu. Cuire le chou-fleur et le fenouil avec la feuille de laurier et la ciboulette 15 à 20 minutes. Enlever la feuille de laurier. Passer tous les ingrédients au mélangeur. Verser l'huile et du lait de soya ou de la crème fleurette pour un potage plus velouté. Rectifier l'assaisonnement. Ajouter une pincée de curcuma et des herbes fraîches au moment de servir, si désiré.

Remarque

Employer un chou-fleur complet si vous n'avez pas de bulbe de fenouil. Ajouter une étoile d'anis pendant la cuisson pour une note parfumée.

Potage aux poireaux
Crème de chou-fleur

Soupes orientales
instantanées pour emporter

Soupes orientales instantanées pour emporter

Bouillon de base au choix (poulet, légumes ou poisson)

Filaments de dinde cuite

Brocoli

Chou chinois

Oignon vert

Nouilles ramen ou vermicelles de riz

Jus de lime

Pincée de 5 épices orientales (facultatif)

Poivre de Cayenne (facultatif)

Poivre au curcuma (facultatif)

Huile végétale bio

Marinade japonaise (Bai zu)

5 c. à soupe de vinaigre de riz

2 c. à thé de sauce soya claire

3 c. à soupe de sauce Mirin

Ce qui se prépare quelques jours à l'avance :
Préparer un bouillon de base, le laisser refroidir et le dégraisser. Y ajouter de l'huile végétale bio et le transvider dans des contenants rigides individuels et hermétiques. Les mettre au congélateur ou les conserver au réfrigérateur, selon l'usage qu'on compte en faire. Cuire la dinde; l'effilocher; saupoudrer d'épices au goût. Séparer en portions individuelles et les répartir dans des sacs de plastique hermétiques.

Dans un faitout, porter suffisamment d'eau à ébullition et y plonger les nouilles. Mais ne pas trop les faire cuire car elles seront réchauffées plus tard. Les répartir en portions individuelles dans des sacs de plastique.

Ou

Pour les vermicelles de riz, les tremper dans l'eau chaude avant de les cuire dans l'eau bouillante, mais pas trop, comme pour les nouilles ramen, car elles doivent demeurer croquantes. Séparer en portions individuelles et répartir dans des sacs de plastique hermétiques.

Ce qui se prépare la journée même ou la veille :
Émincer les légumes frais et les plonger dans l'eau bouillante quelques minutes. Les passer sous l'eau froide. Les égoutter à l'aide d'un linge ou d'essuie-tout. Séparer en portions individuelles et répartir dans des sacs de plastique hermétiques.

Ou

Faire mariner 3 heures ou plus les légumes crus coupés en lanières fines ou en petits morceaux. Séparer en portions individuelles et répartir dans des sacs de plastique hermétiques.

 Suggestions

L'apport de protéines (volaille, fruits de mer, viande ou tofu) transforme une simple soupe aux nouilles en un repas complet. Sans oublier l'addition de légumes santé croustillants, qui sont une source d'éléments phytochimiques profitables dans le cadre d'une alimentation préventive.

Soupes orientales
instantanées pour emporter

Soupe minute
au tofu

Soupe minute au tofu, 2 portions

450 ml (3 tasses) de bouillon de poulet
1/2 bloc de tofu ferme
Mini bok choy ou cresson
1 oignon vert
1 carotte
Graines de sésame noires
Poivre de Cayenne (facultatif)
Vermicelles de riz
Huile végétale bio (sésame, tournesol)

Tremper les vermicelles dans l'eau. Presser le bloc de tofu entre deux essuie-tout. Le couper en dés d'environ 2 cm (3/4 po). Laver et essorer les bok choy ou le cresson. Hacher le cresson grossièrement et garder les jeunes pousses. Couper les bok choy en 2 ou en 4, selon la grosseur. Couper la carotte et l'oignon vert en tranches fines. Faire chauffer le bouillon à feu moyen-élevé. Ajouter les vermicelles, les cubes de tofu, la carotte et l'oignon vert. Laisser mijoter environ 5 minutes. Servir avec un filet d'huile bio et offrir de la sauce soya, si désiré.

Soupe légère aux crevettes et shiitake

Soupe légère
aux crevettes et shiitake

Soupe légère aux crevettes et shiitake 2 portions

250 ml (1 tasse) de bouillon de poisson
250 ml (1 tasse) de thé vert Sencha
1/4 à 1/2 c. à thé de poudre de wasabi (facultatif)
2 portions de vermicelles plats
1/2 c. à thé de jus de lime (facultatif)
6 crevettes
3 ou 4 champignons shiitake frais
1 gousse d'ail
Pois en cosse ou fèves vertes
4 tranches de lotus
Saké ou vin de cuisson chinois
Sauce soya
Sauce Mirin

Faire chauffer le bouillon de poisson à feu moyen. Saupoudrer le wasabi. Tremper les vermicelles dans l'eau chaude. Les cuire dans l'eau bouillante avec les tranches de racine de lotus ou les frire. Égoutter et disposer dans les bols. Trancher les légumes. Nettoyer les crevettes et les faire sauter dans l'huile quelques minutes avec l'ail émincé et le jus de lime. Terminer en versant un trait de saké ou de vin de cuisson chinois; les déposer sur les nouilles. Faire sauter les légumes quelques minutes. Verser un petit filet de sauce soya, au goût, et les disposer dans les bols. Ajouter l'infusion de thé vert au bouillon chaud. Remuer et verser dans les bols.

Remarque

Il existe plusieurs variétés de vermicelles et de nouilles disponibles dans les épiceries orientales. Les pâtes translucides sont faites à partir de farine de riz ou d'haricots mungo. Elles peuvent être plates, fines ou moyennes, ou encore, en ficelle (nouilles cellophane). Les pâtes opaques sont préparées à partir de farine de blé ou de sarrasin, d'amarante (arrow-root) et d'igname. Elles sont vendues sèches ou fraîches.

Soupe minute au tofu

Gaspacho
pour 4 personnes

Gaspacho, 4 portions

1 litre (4 tasses) de tomates en purée
1 poivron rouge
2 gousses d'ail
2 c. à thé de pâte de tomate
4 c. à soupe d'huile d'olive extra vierge
2 c. à soupe de vin rouge (facultatif)
Jus de lime (au goût)
Tabasco
Sel et poivre au curcuma

Garniture

Brins de coriandre
Concombre
Tomates cerises
Glaçons

Faire une incision en forme de croix à l'aide d'un couteau à la base de chaque tomate. Les plonger dans l'eau bouillante 10 secondes et ensuite dans l'eau froide. Les peler et les épépiner, si désiré. Évider le poivron et le couper en morceaux. Passer tous les ingrédients au robot culinaire en ajoutant l'huile en filet, pour une texture plus crémeuse. Rectifier l'assaisonnement avant de mettre au réfrigérateur pour au moins 2 heures. Servir avec deux ou trois glaçons.

Suggestions

Pour un repas sur la terrasse, mettre les bols au congélateur pour au moins 1 heure. Vous pouvez remplacer les glaçons par de l'eau filtrée versée dans chacun des bols que vous mettrez au congélateur. Prévoyez plus de 2 heures pour le temps de prise.

Soupe piquante
au chou kale

Soupe piquante au chou kale, 4 portions

1 chou kale moyen
1 tête d'ail
1 oignon espagnol moyen
2 pommes de terre
60 ml (1/4 tasse) d'huile d'olive extra vierge
250 g (1/2 lb) de saucisses chorizo
1 feuille de laurier
1 c. à soupe de persil haché
1 pincée de piment fort (chili)
Brins de thym
1 litre (4 tasses) d'eau

Soupe piquante au chou kale

Couper les feuilles et les tiges de chou kale en morceaux d'environ 2,5 cm (1 po). Couper les saucisses et l'oignon en rondelles et les pommes de terre en dés. Les faire revenir dans l'huile d'olive avec l'ail jusqu'à ce qu'ils soient tendres. Incorporer tous les ingrédients dans le bouillon et cuire 10 minutes. Rectifier l'assaisonnement. Jeter la feuille de laurier avant d'y ajouter le persil frais et les morceaux de chou, soit environ 4 minutes avant la fin. Remuer et servir avec un filet d'huile d'olive extra vierge.

Suggestions

Vous pouvez retirer le chorizo, qui aura rendu sa saveur en mijotant. Remplacez les pommes de terre par de l'igname. Ceci ajoutera une petite touche sucrée à la soupe.
Faites de cette soupe un potage en passant les légumes cuits au mélangeur.

gaspacho

Soupe express
aigre-piquante

Soupe express aigre-piquante, par personne

375 à 430 ml (1 1/2 à 1 3/4 tasse) de bouillon de poisson
1 champignon shiitake frais
Quelques crevettes
Lanières de chou vert
1/2 c. à thé d'ail haché
1/2 c. à thé de gingembre râpé
1/2 c. à thé de sauce de poisson
1 c. à t. de jus de citron
1/2 c. à thé de miel (facultatif)
1/8 de c. à thé de piment rouge thaïlandais haché ou de pâte de chili Sambal Olek
1 c. à thé de persil haché
Brin de coriandre
Nouilles udon

Soupe express aigre-piquante

Faire chauffer le bouillon à feu moyen-élevé. Couper le chou et le champignon en fines lanières. Les ajouter au bouillon avec les condiments. Laisser mijoter 5 minutes. Incorporer les crevettes dans le bouillon. La cuisson les fera rosir. Écumer au besoin. Jeter les nouilles et les lanières de champignon dans le bouillon chaud. Verser le jus de citron et remuer. Servir avec de la coriandre ciselée et du persil.

Suggestions

Préparer cette soupe avec d'autres poissons ou fruits de mer : calmars, pétoncles ou poissons gras riches en oméga-3.

Cuisiner un autre bouillon en y ajoutant 1/2 c. à thé de pâte de tomate ou 1 c. à soupe de sauce tomate au bouillon. Ainsi, on ajoute des lycopènes supplémentaires à son menu.

Soupe express
aigre-piquante

Soupe
aux pétoncles

Soupe aux pétoncles, 4-6 portions

1 litre (4 tasses) de bouillon de poisson

1 blanc de poireau

1 à 2 gousses d'ail

1 carotte

1 branche de céleri

1 bulbe de fenouil

250 ml (1 tasse) de tomates broyées

225 g (1/2 lb) de petits pétoncles

60 ml (1/4 tasse) de vin rouge (facultatif)

Huile d'olive de première pression

3 jaunes d'œufs

1 anis étoilé

1 c. à thé de curcuma

1/2 c. à thé de paprika

Poivre noir fraîchement moulu

Brins de persil et aneth frais

Soupe au poulet
et shiitake

Soupe au poulet et shiitake, 4 portions

1 blanc de poulet

12 champignons shiitake frais ou séchés

1 litre (4 tasses) de bouillon de légumes

250 ml (1 tasse) d'infusion de thé vert Sencha ou macha

2 à 4 c. à soupe de miso

Brins de ciboulette

2 c. à soupe de persil haché

Nouilles somen

Dans un faitout, faire chauffer le bouillon et incorporer les tomates broyées, le vin rouge, l'anis étoilé et la moitié des légumes coupés grossièrement. Couper l'autre moitié en julienne d'environ 4 cm (1 1/2 po) et réserver. Laisser mijoter environ 15 à 20 minutes. Retirer l'anis étoilé. Passer au mélangeur. Faire sauter les pétoncles dans l'huile avec les légumes en julienne et les ajouter au bouillon, puis retirer du feu. Battre les œufs. Dans un mortier, écraser l'ail avec le paprika et le curcuma et ajouter aux œufs battus. Verser de la soupe chaude, 1 cuillérée à la fois, dans ce mélange et fouetter. L'incorporer à la soupe en remuant. Rectifier l'assaisonnement. Servir la soupe garnie de brins de persil et d'aneth frais.

 Suggestions

Vous pouvez substituer l'anis étoilé par de la liqueur d'anis pour faire sauter les pétoncles. Cette soupe se congèle facilement. Divisez-la en portions individuelles.

Soupe au poulet et shiitake

Si on utilise des champignons séchés, les laisser tremper 5 minutes dans l'eau chaude, puis les égoutter. Détailler finement et réserver. Porter le bouillon à ébullition dans une grande casserole. Détailler le poulet en petits cubes. Les incorporer au bouillon avec les champignons tranchés et le persil. Cuire 5 à 8 minutes. Retirer du feu. Cuire un paquet de nouilles à part. Égoutter et rincer les pâtes sous l'eau. Diluer le miso dans le thé vert et l'incorporer à la soupe en remuant. Parsemer de ciboulette ciselée avant de servir.

 Suggestions

Ajouter le liquide de trempage des champignons au bouillon de légumes.

Marinade à la pâte de miso : Aplatir la poitrine de poulet entre 2 pellicules plastique. Étaler une mince couche de pâte de miso dans une assiette. Déposer le morceau de volaille et napper d'une autre couche de pâte miso. Recouvrir d'une pellicule plastique et laisser mariner 3 heures ou toute la nuit. Retirer la pâte à la spatule avant la cuisson. Excellent avec du poisson ou de la viande.

Pour une soupe plus onctueuse, cuire les nouilles somen dans le bouillon.

Soupe
aux pétoncles

Potage
aux betteraves et au chou rouge (Bortsch à l'ukrainienne)

Potage aux betteraves et au chou rouge (Bortsch à l'ukrainienne), 4-6 portions

1 os de bœuf
1 litre (4 tasses) d'eau
2 tasses de betteraves crues
1 gros oignon doux
2 tasses de chou rouge
2 pommes de terre
1 carotte
2 c. à soupe de pâte de tomate
1 poivron rouge
2 tasses de bouillon de bœuf
80 ml (1/3 tasse) de vin rouge (facultatif)
Sel et poivre
Pincée de curcuma
Crème sûre
Brins d'aneth (facultatif)

Soupe à l'ail
et au thé vert

Soupe à l'ail et au thé vert, 4-5 portions

1 à 2 têtes d'ail (20 à 25 gousses)
2 brins de thym frais
500 ml (2 tasses) de bouillon de poulet
500 ml (2 tasses) d'infusion de thé vert
80 ml (1/3 tasse) de crème fleurette
1/2 tasse de petits pois verts congelés
170 g (6 oz) de poitrine de poulet cuit
4 tranches de pain complet (facultatif)
Sel et poivre noir
Curcuma

Potage aux betteraves et au chou rouge (Bortsch à l'ukrainienne)

Verser l'eau dans un faitout avec l'os et le bouillon de bœuf. À feu moyen, faire cuire le bouillon 30 à 45 minutes. Retirer l'os et écumer. Retirer le cœur du chou en coupant le chou en quatre quartiers et trancher les quartiers en lanières fines à l'aide d'une mandoline. Couper les pommes de terre, le poivron et l'oignon en dés puis râper la carotte finement. Transférer les légumes dans le faitout. Ajouter la pâte de tomate, le vin rouge et 1 c. à soupe d'aneth haché. Mélanger. Rectifier l'assaison-nement. Cuire à feu doux 30 minutes. Prolonger la cuisson si on désire le chou moins croquant. Servir avec 1 c. à soupe de crème sûre et un brin d'aneth.

Suggestions

Utiliser des cubes de bouillon de légumes bio à la place du bouillon de bœuf. La plupart des marques commerciales contiennent des agents de conservation (GMS, glutamate monosodique).

En fin de cuisson, délayer 2 c. à soupe de fécule de maïs avec du bouillon chaud pour une soupe plus onctueuse.

Cette soupe peut être servie froide en été : ajouter des cubes de glace à la soupe refroidie. Il est préférable d'enlever la nervure centrale du chou et le cœur. Ceci rend le chou plus digeste pour certaines personnes.

Écraser les gousses d'ail avec le plat d'un couteau pour enlever plus facilement les pelures. Enlever le germe. Verser le bouillon de poulet et les gousses d'ail dans une casserole et porter à ébullition. Réduire le feu. Laisser mijoter une vingtaine de minutes. Filtrer le bouillon. Ajouter les petits pois congelés, les cubes de poulet, le thé vert et la crème après la cuisson; remuer. Laisser reposer la soupe 5 minutes avant de servir, accompagnée de croûtons et d'une pincée de curcuma et de poivre noir, si désiré.

Suggestions

Pour une soupe goûtant encore plus l'ail, il vous suffit de la passer au mélangeur. Servez-la avec des croûtons maison faits avec des tranches de pain de farine entière. Vous les frottez avec de l'ail et les vaporisez d'huile d'olive avant de les enfourner à 350 °F (180 °C). Faites-les dorer sur une plaque à biscuits recouverte de papier parchemin. On peut offrir du parmesan frais en petits copeaux ou râpé au moment de servir.

Des graines de lin fraîchement moulues à saupoudrer augmenteront l'apport en oméga-3. Vous aurez fait le plein de composés anticancéreux en un seul bol de soupe !

Soupe à l'ail
et au thé vert

Soupe au poulet
citronné à la grecque (Avgolemolo)

Soupe au poulet citronné à la grecque (Avgolemolo), 4 portions

450 g (environ 1lb) de poitrine de poulet
1 oignon
2 clous de girofle
1 poireau
1 carotte
3 œufs (séparés)
3 c. à soupe de jus de citron
Le jus d'un demi citron
Rondelles de citron
Brins de ciboulette
75 g (3/4 tasse) de riz
1 feuille de laurier
Sel et poivre

Verser 1 1/2 litre (6 tasses) d'eau dans un grand faitout. Incorporer le poulet coupé en cubes avec l'oignon piqué de clous de girofle. Saler. Ajouter la carotte en morceaux et la feuille de laurier. Porter à ébullition et réduire le feu. Poursuivre la cuisson 10 minutes ou jusqu'à ce que le poulet soit cuit. Écumer au besoin. À l'aide d'une passoire, retirer le poulet et les légumes. Jeter l'oignon, la feuille de laurier et les morceaux de carotte. Filtrer le bouillon, transvaser dans le faitout et cuire le riz à couvert. Monter les blancs d'œufs en neige ferme; ajouter les jaunes en continuant de battre et verser le jus de citron. Incorporer du bouillon chaud à la préparation, 1 cuillère à la fois afin d'éviter de cuire les œufs au contact d'un liquide très chaud. Verser le mélange réchauffé dans le faitout puis y ajouter les cubes de poulet. Assaisonner. Cuire à feu doux 5 minutes. Laisser la soupe reposer 5 à 8 minutes pour que les saveurs s'imprègnent. Servir chaque portion saupoudrée de curcuma, si désiré, de ciboulette et d'une rondelle de citron.

Potage
anglo-indien à la viande

Potage anglo-indien à la viande, 4 portions

250 g (environ 1/2 lb) d'épaule d'agneau
2 c. à soupe de beurre clarifié (ghee) ou d'huile d'olive
4 gousses d'ail
1/2 c. à thé de gingembre râpé
3 c. à soupe de farine de pois chiches
1 litre (4 tasses) de bouillon de poulet
Le jus d'un demi citron
Brins de coriandre ciselée
1 mangue
1 petite banane (facultatif)

Épices

1/2 c. à thé de coriandre
1/2 c. à thé de cumin
1 c. à thé de curcuma
1 pincée de piment chili
Une bonne pincée de poivre noir
Sel

Potage anglo-indien à la viande

Couper l'agneau en cubes et les faire revenir dans un poêlon avec du beurre ou de l'huile d'olive et une gousse d'ail hachée. La viande doit dorer. Réserver. Verser le jus de citron dans un faitout avec le bouillon et porter à ébullition. Incorporer toutes les épices. Mélanger 1 minute. Réduire le feu. Délayer la farine de pois chiches avec un peu d'eau. Ajouter du bouillon chaud et brasser cette pâte. L'ajouter au bouillon et bien mélanger. La soupe épaissira. Ajouter la viande et son jus. Assaisonner de chili et de poivre noir, au goût. Après la cuisson, ajouter la coriandre ciselée, le jus de citron frais et les fruits coupés en dés (facultatif).

Suggestions
Il est possible de réaliser ce potage avec d'autres viandes, du porc ou du bœuf par exemple

Remarque
Il s'agit d'une recette de cuisine fusion anglo-indienne. Elle constitue un repas en soi. Elle pourrait s'accompagner de pain à grains entiers.

Soupe au poulet citronné
à la grecque (Avgolemolo)

Soupe froide
au yogourt et à la menthe (Inde)

Soupe froide au yogourt et à la menthe (Inde)
4 portions

1 concombre moyen
8 c. à soupe de menthe fraîche hachée
250 ml (1 tasse) de crème
750 ml (3 tasses) de yogourt nature
100 ml d'eau froide
Glaçons (facultatif)
Pincée de garam masala
Pincée de cumin et de curcuma
Sel et poivre noir fraîchement moulu

Râper le concombre pelé et le presser pour enlever son eau. Hacher les feuilles de menthe finement. Dans un saladier en verre ou en inox, verser l'eau froide sur le yogourt. Remuer. Incorporer les autres ingrédients; ne saupoudrer les épices qu'au moment de servir. Recouvrir et réfrigérer au moins 2 heures pour que la soupe gagne en saveur. Servir avec des glaçons, si désiré.

 Remarque
Le garam masala est un mélange d'épices issue de la cuisine indienne. Il se marie bien au curcuma.

Potage au lait de coco et à la dinde

Potage
au lait de coco et à la dinde

Potage au lait de coco et à la dinde, 4 portions

400 ml de lait de coco
2 1/2 tasses de bouillon de poulet
200 g de dinde cuite
2 tasses de chou-fleur
2 c. à thé de citronnelle râpée
1 c. à thé de gingembre râpé
2 oignons verts
1/4 de piment chili (facultatif)
1/4 c. à thé de sauce de poisson
Mini maïs
Brin de coriandre
1 petit poivron rouge
Curcuma
Poivre noir

Trancher la dinde en lanières. Réserver. Étuver le chou-fleur dans un panier métallique ou dans un panier en bambou. Le réduire en purée au mélangeur. Réserver. Émincer finement un morceau de piment rouge épépiné (avec des gants); râper les condiments. Faire chauffer le bouillon et le porter à ébullition. Ajouter la citronnelle, l'ail, le piment rouge et le gingembre. Réduire le feu. Verser le lait de coco. Laisser mijoter 5 à 7 minutes. Goûter. Rectifier l'assaisonnement. Ajouter plus de piment fort, si désiré, et saupoudrer de poivre fraîchement moulu. Incorporer la purée de chou-fleur et la dinde et laisser mijoter 8 à 10 minutes de plus. Laisser le potage reposer 5 minutes avant de servir. Plonger les mini maïs dans l'eau bouillante additionnée de curcuma en poudre. Égoutter. Servir le potage garni avec les mini maïs, un brin de coriandre fraîche et de fines rondelles de poivron rouge ou de piment fort.

 Suggestions
Pour faire du lait de coco frais à partir de noix de coco râpée, il faut environ 250 g (9 oz) de noix de coco râpée dans un faitout et l'immerger dans 580 ml (1 1/3 tasse) d'eau bouillante. On laisse reposer au moins une heure, puis on filtre le mélange en essorant bien pour extraire autant de lait « épais » que possible. S'il vous faut de la crème de coco, laisser reposer, puis écumer la crème à la surface. On peut remplacer la noix de coco râpée fraîche par une même quantité de noix de coco séchée non sucrée.

Soupe froide au yogourt
et à la menthe (Inde)

Soupe froide
à l'ail et aux amandes

Soupe froide à l'ail et aux amandes
4 portions

875 ml (3 1/2 tasses) de bouillon de poulet
60 ml (1/4 tasse) de vin blanc (xérès)
175 g de pain de kamut de la veille
100 g d'amandes entières mondées
2 gousses d'ail
120 ml (1/2 tasse) d'huile d'olive extra vierge
Sel et poivre fraîchement moulu
Raisin vert sans pépins

Soupe
aux nouilles
et aux œufs de caille

Soupe aux nouilles et aux œufs de caille
4 portions

1/2 litre (2 tasses) de bouillon de poulet
1/2 litre (2 tasses) d'infusion de thé vert Sencha
4 œufs de caille
1 carotte
1 échalote chinoise
1 gousse d'ail
1 c. à thé de gingembre râpé
1 petit morceau de piment rouge
1 c. à thé de jus de citron
4 grosses crevettes
4 portions de vermicelles de riz ou de nouilles ramen

Marinade japonaise (Baizu)

5 c. à soupe de vinaigre de riz
2 c. à thé de sauce soya claire
3 c. à soupe de sauce Mirin

Tremper le pain dans l'eau froide environ 5 minutes. Déposer l'ail, les amandes et le pain dans un robot culinaire et mélanger jusqu'à l'obtention d'une texture homogène. Verser l'huile d'olive en filet tout en continuant de mélanger. Le mélange aura la consistance d'une mayonnaise. Rectifier l'assaisonnement. Réfrigérer au moins 2 heures. Au moment de servir, allonger avec du bouillon de poulet au vin blanc ou de l'eau, si nécessaire.

Garnir avec des amandes grillées et des raisins verts froids coupés en deux.

 Suggestions
Pour une soupe plus douce, substituer le vin blanc par du jus de raisin blanc et 1 c. à soupe de vinaigre balsamique blanc.

Soupe aux nouilles
et aux œufs de caille

Préparer la marinade en mélangeant les ingrédients dans un bol en verre. Trancher les légumes en rondelles assez minces et les faire mariner environ 3 heures. Sortir les œufs de caille à l'avance pour qu'ils soient à la température ambiante. Préparer une infusion de thé vert (temps d'infusion de 8 à 10 minutes minimum) qui sera incorporée au dernier moment. Faire chauffer le bouillon à feu moyen-élevé sans le porter à ébullition. Ajouter les condiments et cuire 5 minutes. Tremper les vermicelles dans l'eau chaude 5 minutes. Les cuire dans l'eau bouillante, les égoutter et déposer une portion dans chacun des bols. Incorporer le thé vert et le jus de citron au bouillon en remuant et filtrer. Augmenter la température et faire chauffer le bouillon 2 minutes de plus pour qu'il commence à frémir. Verser dans les bols. Casser un œuf et le verser dans une petite tasse pour permettre de le déposer doucement sur le bouillon très chaud. Garnir de légumes marinés et d'une crevette.

Suggestions
Faire pocher les œufs dans l'eau bouillante relevée d'une cuillère à soupe de vinaigre de riz. Sortir les œufs dès que le blanc devient opaque, figer et déposer dans les bols.

Doubler la recette de marinade et profitez-en pour faire mariner d'autres légumes (navet, chou, chou-fleur, brocoli) en vue d'une future recette. Les légumes ainsi marinés peuvent être sautés ou servis crus en accompagnement ou dans une salade. Ils se conservent bien quelques jours au réfrigérateur.

Soupe froide à l'ail
et aux amandes

Salades

Salade étagées
aux agrumes

Salade étagée aux agrumes, 2 portions

1/2 avocat Hass
1 orange
1 orange sanguine
1 pamplemousse
Jus de citron
1/2 tasse de crème sûre
Brins de menthe fraîche ciselée

Ciseler quelques feuilles de menthe et mélanger avec la crème sûre. Apprêter les agrumes en suprême. Défaire en quartiers. Trancher l'avocat. Verser du jus de citron sur la moitié non utilisée. Dans une coupe, déposer des tranches d'avocat en alternant avec des quartiers d'agrume. Déposer une cuillère de crème sûre sur les tranches d'avocat ou les quartiers d'agrume, en étageant. Servir garni d'un brin de menthe fraîche.

Salade marocaine
à l'orange, aux oignons et aux olives

Salade marocaine à l'orange,
aux oignons et aux olives, par personne

1 petite orange
1 c. à thé d'olives noires
1 petit oignon rouge finement émincé
1/4 bulbe de fenouil finement émincé
1 c. à thé de menthe fraîche hachée, plus quelques brins
1 c. à thé de coriandre fraîche hachée, plus quelques brins
Quelques gouttes d'eau de fleur d'oranger (facultatif)

Vinaigrette

Huile d'olive
Jus de citron
1/4 c. à thé de graines de coriandre grillées et moulues
Sel et poivre au curcuma

Salade marocaine
à l'orange, aux oignons
et aux olives

Peler l'orange avec un couteau bien aiguisé, en retirant bien toute la peau blanche amère, et couper en petits quartiers. Enlever les pépins s'il y en a. Trancher les olives en morceaux. Mélanger l'oignon, le fenouil, les olives, la menthe et la coriandre. Ajouter l'orange en quartiers et la vinaigrette.

Faire griller 1 c. à soupe de graines de coriandre et en moudre la quantité demandée. Saupoudrer les graines de coriandre moulues, une pincée de curcuma et de poivre noir sur la salade. Mélanger. Parfumer d'eau de fleur d'oranger. Saler au goût.

Salade étagée
aux agrumes

Salade de nouilles
au sarrasin et brocoli

Salade de nouilles au sarrasin et brocoli
4 portions

4 portions de nouilles au sarrasin
1 carotte
3/4 tasse de bouquets de brocoli coloré
1 petit concombre

Vinaigrette

2 c. à thé de sauce soya
2 c. à thé de jus de lime
3 à 4 c. à thé d'huile de sésame
4 c. à thé d'huile de canola bio
1 c. à thé de gingembre haché
Poivre de Sichuan

Étuver les bouquets de brocoli et la carotte quelques minutes. Les passer sous l'eau froide et les éponger. Couper le concombre et la carotte en petits morceaux. Préparer la vinaigrette en fouettant tous les ingrédients. Cuire les nouilles dans l'eau bouillante salée. Ne pas trop cuire; elles doivent demeurer un peu croustillantes. Les égoutter et les rincer sous l'eau froide. Verser la moitié de la vinaigrette pour les enrober. Réserver. Dans un saladier, déposer les légumes et verser l'autre moitié de la vinaigrette. Mélanger. Incorporer les légumes aux nouilles ou servir séparément.

Salade
de raisins noirs

Salade de raisins noirs, 2 portions

1 petit oignon perlé rouge
1 poivron orange
1 tasse de pois mange-tout
Poignée de raisins noirs
1 petit concombre
Menthe fraîche ciselée

Sauce à salade

1/4 tasse de yogourt nature
2 c. à soupe de menthe hachée
1 c. à thé de jus de lime
Sel et poivre

Étuver les pois mange-tout 3 à 4 minutes dans un panier en bambou au-dessus d'un faitout ou d'un wok, ou encore, dans un petit panier métallique et refroidir à l'eau froide. Ils doivent demeurer croquants. Hacher l'oignon finement et couper le concombre en morceaux. Laver les raisins. Rincer et éponger. Mélanger les ingrédients de la sauce dans un saladier. Rectifier l'assaisonnement. Compléter la salade en déposant les légumes coupés, sauf les pois mange-tout servis tels quels, dans le saladier avec les raisins entiers ou coupés (selon leur grosseur). Servir.

 ### Suggestions
Refroidissez les assiettes de service lorsque vous offrez des salades à l'extérieur en été.

Salade de nouilles au sarrasin et brocoli
Salade de raisins noirs

Salade à la dinde
au fenouil et litchis

Salade à la dinde, au fenouil et litchis
1-2 portions

125 g d'escalopes de dinde
1/2 bulbe de fenouil
2 branches de céleri
1 oignon vert émincé
4 mangoustans ou 2 litchis
1 c. à soupe de menthe hachée
2 carambole
Huile d'olive

Salade
de cresson et agrumes

Salade de cresson et agrumes, 2 portions

1 botte de cresson
1 Kholorabi
2 oranges (1 sanguine et 1 régulière)

Trancher le kholorabi en lanières. Apprêter les agrumes en suprême et les couper en morceaux. Fouetter les ingrédients de la vinaigrette. Verser sur le cresson. Remuer. Rectifier l'assaisonnement. Ajouter les agrumes et remuer délicatement. Servir.

Sauce à salade

1 partie de crème sûre
1 partie de yogourt nature
1 c. à soupe de jus de lime
Sel et poivre au curcuma

Faire griller les escalopes de dinde dans l'huile. Assaisonner. Réserver. Couper les litchis, le fenouil et le céleri en dés. Couper la dinde en lanières et confectionner de petits rouleaux. Fouetter les ingrédients de la vinaigrette dans un saladier. Incorporer les légumes et mélanger. Garnir les assiettes en disposant les rouleaux de dinde autour de la salade. Décorer avec des tranches de carambole.

Vinaigrette à l'orange

1 c. à soupe de jus d'orange
2 c. à thé de miel
2 c. à soupe de vinaigre balsamique blanc
1 c. à thé de moutarde de Dijon
3 c. à soupe d'huile d'olive
Sel et poivre au curcuma (facultatif)

Salade champignon
Portobello et chèvre

Salade champignon Portobello et chèvre
par personne

1 gros champignon Portobello
40 g de fromage de chèvre
Pincée de thym frais (facultatif)
3 c. à soupe de noix de pacane grillées hachées finement
1 petite pomme
Feuilles de roquette (arugula)

Suggestions

Badigeonner le champignon d'huile d'olive et le déposer sur une feuille de papier parchemin. Cuire au four à 450 °F (230 °C) 8 à 12 minutes ou jusqu'à ce qu'il soit tendre. Garnir.

Vinaigrette à l'érable

1/4 c. à thé de vinaigre de vin blanc
1/2 c. à thé de sirop d'érable
1/2 c. à thé d'huile de noisette
1/4 c. à thé d'huile d'olive
Sel et poivre

Enlever le pied du champignon et creuser délicatement l'intérieur pour y déposer la laitue. Couper la pomme en dés (les enduire de jus de citron si on ne sert pas immédiatement la salade). Faire griller les noix de pacane à sec quelques minutes. Façonner des boules avec le fromage de chèvre, le thym frais et les noix de pacane hachées. Réserver.

Fouetter les ingrédients de la vinaigrette et verser sur la laitue au moment de servir. Agrémenter la salade de petites boules de fromage.

Salade à la dinde
au fenouil et litchis

Salade champignon Portobello et chèvre

Salade de cresson
et agrumes

Salade de kholorabi
et canneberges

Salade à la dinde, au fenouil et litchis
2-4 portions

1 kholorabi	
1 avocat	
1 poignée de canneberges séchées	
1 poignée de pistaches	

Vinaigrette

Le jus d'un demi-citron	
1 c. à thé de miel	
1/4 tasse d'huile d'olive	
5 à 6 feuilles de menthe	
Sel et poivre fraîchement moulu	

Couper les légumes et les canneberges séchées en dés et les transférer dans un saladier. Fouetter les ingrédients de la vinaigrette et verser sur les légumes. Mélanger délicatement. Rectifier l'assaisonnement. Ajouter les pistaches hachées.

Remarque

Le kholorabi, kohlrabi ou kolorabi fait partie de la grande famille des crucifères qui comptent parmi eux les choux, le brocoli, le navet ainsi que les diverses laitues chinoises. On peut s'en procurer à l'année. En ce qui concerne le kholorabi, on peut dire qu'il s'agit d'un légume à découvrir. Il est juteux et légèrement sucré.

Tofu mariné
au soya, chou rouge, chou blanc

Tofu mariné au soya, chou rouge chou blanc
par personne

2 tranches de tofu	
1/4 tasse de chou rouge	
1/4 tasse de fèves germées	
1/4 tasse de poivrons colorés	
1/4 c. à thé de piment rouge	
1 petit oignon perlé	
Sauce soya	

Vinaigrette

1 c. à soupe de jus de citron	
1 c. à thé de sauce Mirin	
1 c. a thé de sauce soya légère	
3 c. à soupe d'huile d'olive	
Poivre noir ou de Sichuan	

Tofu mariné au soya, chou rouge chou blanc

Presser les tranches de tofu entre des feuilles de papier absorbant afin d'en éliminer l'eau. Les faire mariner dans la sauce soya pimentée environ 1 heure. Cuire de chaque côté à feu moyen-vif dans un poêlon antiadhésif. Fouetter les ingrédients de la vinaigrette. Émincer le chou à la mandoline.

Faire blanchir le chou rouge en le plongeant dans de l'eau bouillante citronnée pendant 2 minutes environ. Le refroidir aussitôt dans l'eau froide. Égoutter et bien assécher. Couper les autres légumes sauf les fèves germées. Les déposer tous dans un saladier et y verser la vinaigrette. Mélanger pour bien enrober. Servir avec les tranches de tofu grillées.

Salade de kholorabi
et canneberges

Salade de chou
à la Warldof revampée

Salade de chou à la Warldof revampée
2 portions

1 pomme verte
1 pomme rouge
1 tasse de chou vert
1 tasse de chou-fleur de couleur
Jus de citron
Huile de noisette
Vinaigre balsamique
Noix de Grenoble et de pacane
Poivre noir moulu
Pincée de curcuma

Râper le chou en fines lanières à l'aide d'une mandoline. Détacher de petits bouquets de chou-fleur. Les blanchir quelques minutes puis les passer sous l'eau froide. Couper les pommes en dés et les arroser de jus de citron. Mélanger tous les ingrédients dans un saladier et verser de l'huile d'olive et du vinaigre balsamique. Assaisonner. Servir.

Salade de chou
rouge et vert

Salade de chou rouge et vert
2 portions

100 g (1 tasse) de chou rouge
100 g (1 tasse) de chou vert
1 oignon vert ou échalote grise

Vinaigrette

2 c. à soupe d'huile d'olive
1 c. à thé de vinaigre de vin rouge
1 c. à thé de jus de lime
Brin de thym frais
Sel et poivre fraîchement moulu

Salade de chou
rouge et vert

Utiliser une mandoline pour trancher les choux finement. Blanchir quelques minutes et les refroidir aussitôt à l'eau froide. Préparer la vinaigrette en fouettant les ingrédients. La verser sur les légumes et mélanger. Servir en accompagnement.

Salade de chou
à la Warldof revampée

Salade de chou
au poivron vert

Salade de chou au poivron vert
4-6 portions

1 poivron vert coupé en fines lanières
1 c. à thé d'ail finement haché
2 oignons verts coupés en fines rondelles
4 tasses de chou blanc râpé
4 c. à soupe de cacahuètes grillées
4 petites tomates

Vinaigrette

2 c. à soupe de sauce de poisson
Zeste de lime râpé
2 c. à soupe de jus de citron vert
4 c. à soupe d'huile de canola biologique
Sel et poivre au curcuma

Salade de chou
au poivron vert

Préparer la vinaigrette. Réserver. Dans un wok, faire revenir le poivron, l'ail et les oignons verts dans l'huile. Réserver. Émincer le chou à la mandoline.

Le faire blanchir en le plongeant dans de l'eau bouillante salée pendant 2 à 3 minutes environ. Le refroidir aussitôt à l'eau froide. Égoutter et assécher avant de verser la vinaigrette. Remuer pour bien enrober. Transférer ensuite dans un grand plat de service ou dans des bols individuels. Verser en pluie le mélange d'échalotes et d'ail. Décorer de lanières de poivron et de cacahuètes grillées.

Suggestions

Ajouter environ 1 c. à thé de lait de coco pour donner une saveur différente à la vinaigrette. Prendre soin d'éliminer les feuilles superficielles du chou car elles sont souvent coriaces. Il est préférable d'enlever le cœur. Procéder en coupant le chou en quartiers. Le cœur se coupera alors plus facilement.

Salade au poivron vert

Salade de betteraves
aux choux de Bruxelles

Salade de betteraves aux choux de Bruxelles
par personne

1 betterave moyenne
2 choux de Bruxelles
1 c. à thé d'oignons rouges en dés fins
1 c. à soupe de noix de pacane

Vinaigrette

1/2 c. à thé d'huile de noix ou d'olive
1 orange
1 c. à soupe de vinaigre balsamique ou xérès
1/2 c. à thé de zeste d'orange
1 c. à thé d'aneth frais haché
Sel et poivre noir fraîchement moulu
Pincée de curcuma

Préchauffer le four à 350 °F (180 °C). Cuire 4 à 6 betteraves dans un plat allant au four et ajouter un peu d'eau. Couvrir et laisser cuire 1 heure à 1 heure 30, ou jusqu'à ce qu'elles soient tendres. Laisser tiédir puis peler. Réserver. Blanchir les choux environ 2 minutes et les refroidir. Faire griller les noix à sec. Assaisonner et laisser refroidir.

Couper les choux de Bruxelles en fines lanières. Râper du zeste d'orange et trancher l'orange en suprême, pour en utiliser environ la moitié coupée en dés et avoir du jus pour la vinaigrette. Dans un saladier, fouetter le reste de l'huile et le vinaigre avec un peu de jus d'orange. Saler et poivrer au goût et ajouter une pincée de curcuma. Verser la vinaigrette sur les légumes. Ajouter les dés fins de suprême d'orange et mélanger soigneusement. Servir.

 Suggestions

Portez des gants de caoutchouc pour éplucher les betteraves cuites. Vous éviterez ainsi de colorer vos doigts. Les betteraves cuites au four ont meilleur goût que bouillies.

Salade de poireau grillé
au feta et à la menthe

Salade de poireaux grillés au feta et à la menthe
4 portions

8 jeunes poireaux minces
2 tomates épépinées
150 g de feta émietté
50 g d'olives noires hachées

Vinaigrette

Huile d'olive vierge
2 à 3 c. à soupe de jus de citron
1 gousse d'ail finement hachée
1/2 piment rouge frais (facultatif)
2 c. à soupe de menthe fraîche hachée
Sel et poivre noir fraîchement moulu
Feuilles de menthe fraîche
Laitue

Salade de poireaux grillés au feta et à la menthe

Cuire les poireaux dans l'eau bouillante salée 2 minutes. Refroidir sous l'eau froide, égoutter et sécher sur du papier absorbant. Les couper en morceaux et les enrober d'huile d'olive. Dans une poêle cannelée, les faire griller 2 à 3 minutes de chaque côté à feu moyen-vif. Réserver. Épépiner soigneusement le piment. Le couper en morceaux très fins. Détailler les tomates et le fromage feta en cubes. Dans un bol, incorporer les ingrédients de la vinaigrette et fouetter. Saler et poivrer et ajouter du jus de citron, au goût. Verser la vinaigrette sur le mélange tomates-feta. Incorporer les olives et la menthe ciselée. Faire mariner 1 à 2 heures au réfrigérateur en mélangeant quelques fois. Faire chambrer avant de servir, soit 15 à 30 minutes. Disposer sur les morceaux de poireau au moment de servir.

Salade de betteraves
aux choux de Bruxelles

Prosciutto
et chèvre en salade

Prosciutto et chèvre en salade
2-3 portions

4 tranches de prosciutto	
100 g de fromage de chèvre aux tomates séchées	
1 kaki	

Vinaigrette

2 c. à soupe d'huile d'olive	
1 c. à thé de jus de lime	
1 c. à thé de vinaigre balsamique blanc ou rouge	
2 tomates séchées dans l'huile	
Pincée de fines herbes	
Sel et poivre fraîchement moulu	

Prosciutto et chèvre en salade

Couper le kaki en tranches et le jambon italien en lamelles. Former des petites fleurs en enroulant le prosciutto. Couper les tomates séchées en petits morceaux. Les incorporer dans un bol avec les autres ingrédients de la vinaigrette. Mélanger. Vérifier l'assaisonnement. Garnir les assiettes de laitue, au choix, et déposer le fromage façonné en petites boules au moment de servir. Verser la vinaigrette en filet ou à côté des légumes.

 Suggestions

Si vous n'avez pas de kaki sous la main, remplacez par du cantaloup. Enrobez les fleurs de proscuitto de vinaigrette avant de les disposer dans les assiettes.

 Remarque

Le kaki est une source très appréciable de provitamine A. Ses pigments actifs dont la carotène, les lycopènes et xanthines, qui sont des agents de protection contre certains cancers et complications cardio-vasculaires, renforcent l'action bénéfique de la provitamine A.

Prosciutto
et chèvre en salade

Salade de papaye
bleuets sauvages et crevettes

Salade de papaye, bleuets sauvages et crevettes
par personne

1/2 papaye	
1/2 avocat tranché	
170 g (6 oz) de crevettes hachées ou de crabe	
1 grosse crevette cuite	
1/2 tasse de riz	
1 poignée de bleuets sauvages	
Zeste de lime (facultatif)	
1 c. à thé de jus de lime	
1 c. à thé de jus d'orange	
1 branche de céleri émincée	
1 oignon vert émincé	
Mayonnaise à l'huile d'olive	
Paprika	
Curcuma	
Poivre fraîchement moulu	

Salade de papaye,
bleuets sauvages et crevettes

Couper la papaye en 2 puis en fines tranches. Faire de même avec l'avocat. Les arroser de jus de lime pour ne pas qu'elles s'oxydent. Émincer le céleri et l'oignon vert. Les mettre dans un saladier. Incorporer le crabe ou les crevettes hachées, le riz cuit et la mayonnaise. Ajouter une pincée de chacune des épices. Rectifier l'assaisonnement. Verser un trait de jus d'orange et de lime, au goût. Décorer avec des bleuets et du zeste de lime. Servir immédiatement.

Suggestions

On peut se servir de l'écorce des papayes ou des avocats comme récipients pour servir cette salade. Remplacer l'oignon vert par des brins de ciboulette ; le jus de lime par du jus de citron.

Salade de papaye,
bleuets sauvages et crevettes

Plats de volaille

Poulet
aux herbes et à la lime

Poulet aux herbes et à la lime, 1-2 portions

1 poulet de 1,5 à 2 kg
1 oignon ou 1 échalote grise
2 suprêmes de lime
6 à 8 brins de romarin
6 à 8 brins de sarriette
2 c. à soupe d'huile d'olive
Sel et poivre noir fraîchement moulu
Pincée de curcuma

Préchauffer le four à 375 °F (190 °C). Hacher finement 3 à 4 brins de chacune des herbes, couper l'oignon et les limes en dés fins et les mettre dans un bol en verre. Ajouter l'huile d'olive et mélanger. Saler et poivrer. Pratiquer deux entailles le long du dos du poulet et soulever la peau. Étendre le mélange d'herbes à la lime entre la chair et la peau du poulet. Cuire à couvert 25 à 30 minutes. Découvrir et poursuivre la cuisson une trentaine de minutes, jusqu'à ce que le poulet ait une belle couleur dorée. Arroser de bouillon en cours de cuisson. Le blanc de poulet est cuit lorsqu'il n'est plus rosé. Enlever la peau et les herbes à la fourchette, si désiré, avant de servir. Accompagner la volaille de pommes de terre grelot, de légumes blanchis (1 minute) ou d'une salade verte. Rectifier l'assaisonnement du bouillon à la lime avant d'en verser dans les assiettes.

Poulet
aux figues

Poulet aux figues, 1-2 portions

1 blanc de poulet
3 figues noires séchées
1 petite échalote grise
60 ml (1/4 tasse) de vin rouge
1 gousse d'ail
Le jus du quart d'un citron
1 pincée de cumin
2 pincées de cannelle
1 c. à thé de coriandre fraîche
125 ml (1/2 tasse) de bouillon de poulet
1 c. à soupe d'huile d'olive
Sel et poivre au curcuma

Poulet aux figues

Tremper les figues dans le vin au moins 1 heure. Les couper finement. Réserver. Faire revenir le poulet dans l'huile d'olive avec l'échalote émincée. Rectifier l'assaisonnement. Retirer du feu. Réserver dans une assiette de service recouverte, le temps de terminer la sauce aux figues. Décanter puis dégraisser et remettre le poêlon sur le feu. Ajouter le quart de tasse de vin rouge. Réduire de moitié. Ajouter l'ail, la coriandre, les épices et les figues au vin rouge. Mouiller au bouillon. Assaisonner. Passer le tout au mélangeur pour obtenir une sauce lisse. Servir accompagné de petits oignons grillés, de riz et de légumes à l'étuvée tels que du chou-fleur, des choux de Bruxelles ou une bonne salade Mesclun arrosée de votre vinaigrette préférée.

Suggestions
Ce poulet agrémentera parfaitement un pique-nique. Utilisez la carcasse et les restes pour cuisiner une base de soupe.

Poulet aux herbes
et à la lime

Ailes de poulet
à la noix de coco

Ailes de poulet à la noix de coco, 12 ailes
marinade

250 ml (1 tasse) de lait de coco
1 gousse d'ail hachée
2 c. à thé de citronnelle hachée
1/2 c. à thé de pâte de piment chili (Sambal Oelek)
2 c. à soupe de vinaigre balsamique blanc
2 c. à thé de miel
3 c. à thé de jus de lime
1 c. à soupe de noix de coco râpée

Mélanger tous les ingrédients et laisser mariner les ailes 1 heure. Cuire à 375 ºF (190 ºC) et retourner les ailes en cours de cuisson tout en les badigeonnant avec le reste de la marinade, de l'huile ou du beurre clarifié.

 Suggestions

La pâte de piment peut être remplacée par du poivre de Cayenne ou un morceau de piment fort haché finement.

Poulet des Cornouailles
à la sauce aux framboises

Poulet des Cornouailles
à la sauce aux framboises, 2 portions

1 poulet
1 bouquet d'estragon
1 orange
2 oignons verts
Sel et poivre au curcuma

Coulis aux framboises

1/2 tasse (160 g) de framboises fraîches ou congelées
1 c. à thé de jus de citron
Miel ou stevia

Poulet des Cornouailles
à la sauce aux framboises

Déposer l'estragon, l'orange coupée en quatre et les oignons verts dans la cavité du poulet. Assaisonner. Refermer en liant les pilons à l'aide de ficelle. Cuire à 350 ºF (180 ºC) 1 heure et demie environ.

Pour le coulis aux framboises, réduire les fruits en purée au robot culinaire en versant le jus de citron et le miel. Passer au chinois (ou à la passoire) pour enlever les grains. Servir dans un petit bol pour accompagner le poulet.

 Suggestions

Pour une sauce au vin, dégraisser le plat de cuisson et le chauffer sur la cuisinière à feu moyen pendant quelques minutes en grattant le fond qui adhère et en remuant jusqu'à ce que le liquide caramélise. Ajouter une noisette de beurre. Verser un petit verre d'eau froide ou déglacer au vin rouge ou au porto. Passer au chinois. Parfumer d'estragon finement haché ou avec un peu d'ail.

Ailes de poulet
à la noix de coco

Poulet pané
aux pistaches

Poulet pané aux pistaches
2 portions

Blanc de poulet	Laitue nappa ou bok choy
80 à 100 g de pistaches	2 oignons verts
1 gousse d'ail	2 c. à soupe de sauce aux haricots noirs ou de sauce soya
10 pois mange-tout	Fécule de maïs ou d'amarante (facultatif)
Poivron vert	Huile d'arachide bio

Couper le poulet en petites lanières. Réserver. Faire griller les pistaches à sec et les hacher finement. Paner les lanières de poulet et les faire revenir dans l'huile. Trancher les légumes et les faire sauter 4 à 5 minutes avec l'ail haché. Incorporer la sauce aux haricots noirs et la fécule. Verser un peu d'eau, selon la consistance désirée pour la sauce. Remuer 2 minutes. Les légumes doivent demeurer croustillants. Retirer du feu. Servir accompagné de vermicelles de riz nature.

Poulet
asiatiques

Poulet à l'asiatique
par personne

100 g de suprême de poulet	2 c. à soupe de nectar de goyave
Une poignée de pois verts en cosses	Ail émincé
Nouilles aux œufs style Chow mein	Gingembre émincé
Pleurotes ou champignons shiitake	Huile de soya ou d'arachide
1 c. à thé de jus de citron	Sauce soya

Frire les nouilles dans une friteuse ou dans un wok. Laisser égoutter sur du papier absorbant. Les disposer dans l'assiette de service. Couper le poulet en lanières. Les arroser avec du nectar de goyave, de l'ail émincé, une pincée de gingembre et un peu de jus de citron. Faire griller sur une plaque au four. Réserver. Faire sauter les cosses de pois verts dans l'huile, avec de l'ail ou du gingembre, au goût, et arroser de sauce soya.

Poulet
chop suey

Poulet chop suey, 4 portions

4 c. à soupe de sauce de soja claire	4 tasses de germes de soja
300 g de blanc de poulet, sans la peau	3 c. à thé de fécule de maïs
1 cube de tofu (facultatif)	3 c. à soupe d'eau
Huile végétale bio (tournesol, pépins de raisin)	1 tasse de bouillon de poulet (facultatif)
2 oignons	Sauce soya
Poivrons de couleur	1 c. à soupe de miel (facultatif)
2 gousses d'ail hachées	

Mélanger la sauce de soja et le miel jusqu'à dissolution. Couper le poulet, le tofu, les poivrons et les oignons en fines lanières. Mettre la volaille et le tofu dans un plat creux et arroser avec la sauce de soja. Laisser mariner au réfrigérateur 30 minutes à 1 heure. Faire sauter dans un wok ou un poêlon antiadhésif les lanières de poulet et le tofu en ajoutant un peu d'huile. Réserver. Ajouter un peu d'huile et de l'ail et faire sauter les légumes 2 minutes. Réserver. Faire sauter les germes de soja de la même manière (ils doivent demeurer croustillants); ajouter quelques gouttes d'huile de sésame pour parfumer.

Délayer la fécule de maïs dans l'eau froide. Incorporer du bouillon dans le wok, puis verser le mélange de fécule. Porter à ébullition en remuant jusqu'à épaississement de la sauce. Aromatiser avec de la sauce soya et un peu d'ail haché. Incorporer les légumes, le poulet et le tofu et bien enrober pour le chop suey mijoté. Verser la sauce à part ou au moment de servir pour un montage étagé (voir photo).

Poulet pané
aux pistaches

Poulet

en papillote

Poulet en papillote
par personne

1 poitrine de poulet
Légumes variés en julienne
(carottes, poivrons, échalotes et oignons)
6 à 8 asperges
Mélange de graines de sésame et de lin

Sauce

1 c. à soupe de gingembre râpé
1 c. à thé de miel ou de fructose
1 c. à soupe de sauce soya claire
1/2 c. à thé d'huile de sésame

Préparer les asperges en coupant les extrémités. Les cuire à la vapeur 3 à 4 minutes environ. Refroidir immédiatement sous l'eau froide. Réserver. Mélanger à l'avance les ingrédients de la sauce. Placer la poitrine de poulet entre 2 pellicules plastique résistantes et l'aplatir en utilisant un maillet de cuisine ou un rouleau à pâte. Couper une feuille de papier parchemin (papier sulfuré) d'une longueur de 60 cm (24 po) ou moins, selon la façon dont seront confectionnés les plis de fermeture. Vaporiser ou beurrer l'intérieur et l'extérieur du papier. Disposer les légumes en éventail, déposer le poulet par-dessus et verser la sauce. Parsemer de graines de sésame et de lin. Fermer le papier en formant de jolis plis décoratifs ou en papillote, en serrant aux deux extrémités. Vaporiser le papier d'huile végétale des deux côtés.

Préchauffer le four à 400 °F (200 °C) et cuire la papillote 12 à 15 minutes environ sur une plaque à biscuits. Elle gonflera et brunira légèrement. Couper au centre et servir immédiatement, accompagné de riz ou de pâtes arrosées d'huile de première pression bio et parsemées d'herbes fraîches ciselées (ciboulette, menthe).

Poulet cacciatore

poulet chasseur

Poulet cacciatore (poulet chasseur)

Poulet cacciatore (poulet chasseur)
4 portions

1,5 kg de morceaux de poulet
60 ml d'huile d'olive
1 gros oignon, finement émincé
3 gousses d'ail hachées
2 tranches de pancetta hachées
12 champignons de Paris
80 ml (1/3 de tasse) de vin rouge
250 ml (1 tasse) de bouillon

327 g (1 boîte) de tomates en conserve
1 c. à thé de miel
1 brin d'origan frais
1 brin de thym frais
1 feuille de laurier
Poivre noir moulu
Pincée de curcuma

Cuire l'oignon et l'ail dans l'huile d'olive 5 à 8 minutes à feu doux ou jusqu'à ce que l'oignon soit doré. Augmenter la chaleur et cuire la pancetta et les champignons en tranches épaisses 4 à 5 minutes, en remuant. Réserver. Utiliser un faitout pour faire rôtir les morceaux de poulet dans l'huile en 2 temps. Assaisonner. Dégraisser. Verser le vin et augmenter le feu pendant 5 minutes. Ajouter les tomates coupées en morceaux, le miel et les herbes, le poivre noir et le curcuma. Verser le bouillon et amener à ébullition. Couvrir. Laisser mijoter à feu doux pendant 25 à 30 minutes, jusqu'à ce que la chair du poulet soit tendre mais ne se détache pas des os. Ajouter le mélange d'oignons et de champignons cuits en début de recette et remuer. Retirer les herbes et goûter pour rectifier l'assaisonnement. Servir avec des pommes de terre rôties ou des pâtes.

Poulet en papillote

Poulet
au citron

Poulet au citron
4 portions

12 à 16 pilons de poulet
3 c. à soupe d'huile d'olive
1 gros poireau
60 ml (1/4 tasse) de jus de citron frais et son zeste
Saké ou vin blanc sec
4 portions de carottes parisiennes
2 bok choy tranchées
Fécule de maïs
Quartiers de citron

Faire sauter le poulet avec la peau dans un poêlon antiadhésif 5 minutes environ. Réserver. Trancher le poireau en rondelles et le cuire pour qu'il soit tendre. Ajouter de l'huile d'olive et le zeste de citron. Cuire 1 à 2 minutes. Saupoudrer la fécule sur les rondelles de poireau et mouiller avec du jus de citron. Ajouter un peu d'eau si nécessaire. Mettre de côté. Cuire une deuxième fois le poulet pendant 6 à 10 minutes, jusqu'à ce qu'il soit doré. Arroser d'un trait de saké ou de vin de cuisson chinois. Rectifier l'assaisonnement. Servir avec du riz vapeur et les légumes croquants. Garnir les assiettes de quartiers de citron.

Poulet sauté
au gingembre et à l'orange

Poulet sauté au gingembre et à l'orange
2 portions

1 suprême de poulet (250 g)
2 tasses de riz au jasmin
1 c. à soupe d'huile de canola bio
1 petit oignon
50 g de carottes
75 g de brocoli

Sauce

1/2 c. à soupe d'ail haché
1 c. à thé de gingembre râpé
1 c. à soupe de vin de cuisson chinois
1 c. à thé de miel
Jus d'une demie orange
1 c. à thé de fécule de maïs

Garniture

1 orange en quartiers (facultatif)
Zeste d'orange
1 brin de ciboulette ciselée

Poulet sauté au gingembre et à l'orange

Détailler les légumes. Couper la poitrine de poulet en lanières. Cuire le riz vapeur. Réserver. Diluer la fécule avec le reste des ingrédients de la sauce dans un peu d'eau. Chauffer un poêlon antiadhésif ou un wok et y verser l'huile. Faire sauter les légumes à feu vif 2 à 3 minutes pour les attendrir. Arroser d'un trait de vin de cuisson. Réserver. Ajouter un peu d'huile et faire sauter la volaille. Verser la sauce. Elle doit bouillonner et épaissir. Cuire encore 5 à 8 minutes; ajouter un peu d'eau si la sauce épaissit trop rapidement. Réserver. Ajouter les quartiers d'orange au riz chaud en mélangeant doucement, ou les utiliser en garniture avec le zeste et la ciboulette. Servir le riz accompagné des légumes et du poulet en sauce.

Suggestions

Mélanger la moitié des ingrédients (sauf la fécule et les quartiers d'orange) pour faire mariner le poulet environ 1 heure, si désiré. Utiliser 1 c. à thé de gingembre en poudre si on n'a pas de gingembre frais sous la main. Remplacer le vin de cuisson chinois par un trait de vin blanc sec; la fécule de maïs, par de la farine de riz.

Poulet au citron

Cailles laquées
aux épices orientales

Cailles laquées aux épices orientales
4 portions

4 cailles prêtes à rôtir
2 gousses d'anis étoilé
2 c. à thé (10 ml) de cannelle en poudre
2 c. à thé (10 ml) de graines de fenouil
2 c. à thé (10 ml) de poivre de Sichuan
1 pincée de clous de girofle en poudre
1 petit oignon haché menu
1 gousse d'ail écrasée
4 c. à soupe (60 ml) de miel liquide
2 c. à soupe (30 ml) de sauce de soja foncé
1 c. à soupe d'huile de pépins de raisin
2 ciboules hachées grossièrement
Vermicelles fins de riz brun et blanc
4 kumquats
Légumes verts

Trio de cailles
braisées au vin rouge et aux herbes

Trio de cailles braisées au vin rouge
et aux herbes, 2 portions

3 cailles
Brins de romarin
Brins de sauge
3 petits oignons
Feuilles de céleri
250 ml (1 tasse) de vin rouge
Carottes
Céleri
Poireau
Miel
Huile d'olive
Sel et poivre au curcuma

Broyer l'anis étoilé, la cannelle, les graines de fenouil, le poivre et les clous de girofle dans un mortier à l'aide d'un pilon. Couper les kumquats en quartiers. Dans un grand plat allant au four, déposer l'oignon, l'ail, le miel, la sauce de soja, les agrumes et l'huile puis mélanger. Couper les cailles en morceaux. Les badigeonner du mélange d'épices et laisser mariner quelques heures au minimum.

Cuire les cailles 7 à 8 minutes de chaque côté sous le gril ou sur le barbecue, en arrosant de marinade. Faire sauter les légumes d'accompagnement (fèves vertes, laitue chinoise, etc., au goût) dans l'huile avec un trait de sauce soya. Disposer les cailles sur les vermicelles avec les légumes. Servir.

Trio de cailles braisées au vin rouge et aux herbes

Préchauffer le four à 325 °F (160 °C). Verser 1 tasse de vin rouge dans une casserole allant au four. Nettoyer les cailles, y déposer un bouquet d'herbes à l'intérieur avec des feuilles de céleri et un oignon et attacher les cuisses et les ailes avec de la ficelle. Cuire les cailles enveloppées de papier d'aluminium ou avec un couvercle (préférablement) environ 20 minutes avec les légumes d'accompagnement (ou les cuire à part à la vapeur). Découvrir et badigeonner de miel et d'huile d'olive. Saler et poivrer. Rôtir 3 à 5 minutes. Laisser reposer une dizaine de minutes avant de servir. Réduire le jus de cuisson à feu doux et l'épaissir avec un peu de fécule de maïs ou un beurre manié, si désiré. Rectifier l'assaisonnement. Servir avec les légumes arrosés d'un filet d'huile d'olive.

Suggestions
La chair des cailles durcit si elle est trop cuite. Le blanc demeure rosé contrairement au poulet.

Cailles laquées aux épices orientales

Magret de canard
laqué au gingembre et au miel

Magret de canard laqué au gingembre et au miel
par personne

120 g de magret de canard
Vermicelles au choix
Brocoli blanchi
Poivron rouge
Carottes en julienne ou patate douce frite

Sauce

1/2 c. à thé d'ail haché
1/2 c. à thé de gingembre haché
Trait de sirop d'érable ou de miel
1 c. à thé de sauce soya

Blanchir le brocoli dans de l'eau aromatisée au soya avec du jus de lime. Faire sauter le poivron coupé en lamelles dans l'huile de sésame additionnée d'une pincée de poivre au curcuma. Faire rôtir le magret au four à 425 °F (220 °C) de 9 à 12 minutes, selon la cuisson souhaitée.

Trancher le canard en aiguillette. Faire une sauce laquée à base de gingembre et de miel ou de sirop d'érable, d'ail haché et de sauce soya. Amener à ébullition. La sauce caramélisée doit être très homogène. Servir avec des vermicelles.

Suggestions

Pour une sauce au vin, dégraisser le plat de cuisson et le chauffer sur la cuisinière à feu moyen pendant quelques minutes en grattant le fond qui adhère et en remuant jusqu'à ce que le liquide caramélise. Ajouter une noisette de beurre. Verser un petit verre d'eau froide ou déglacer au vin rouge ou au porto. Passer au chinois. Parfumer d'estragon finement haché ou avec un peu d'ail.

Magret de canard
au chou rouge

Magret de canard au chou rouge, 2 portions

250 g de magret de canard
2 portions de chou rouge
Échalotes grises
50 ml de vin rouge
50 ml de bouillon
Vinaigre balsamique
1/2 c. à thé de miel
1/2 c. à thé de garam masala (voir remarque)
1 céleri-rave
30 ml de crème
2 c. à soupe de beurre
Sel et poivre fraîchement moulu

Magret de canard au chou rouge

Suggestions

Garam signifie chaud et masala, mélange d'épices. On les fait sauter à sec (à l'exception du gingembre) quelques secondes pour en libérer les arômes. On ajoute ces épices en fin de cuisson pour en préserver la saveur.

Entailler la peau du magret de canard de biais afin d'exposer davantage de gras et faire sauter à la poêle. Réserver. Faire la sauce en réalisant une réduction avec le vin et la moitié des échalotes. Monter au beurre et cesser la cuisson. Saler et poivrer.

Émincer le chou après avoir enlevé le tronçon interne. Faire suer à feu moyen une échalote hachée avec le chou pendant 5 minutes. Déglacer au vinaigre et mélanger pour ensuite mouiller au bouillon. Assaisonner de garam masala. Réserver. Éplucher le céleri-rave. Le couper grossièrement et cuire dans l'eau salée comme des pommes de terre. Égoutter et réduire en purée. Incorporer le beurre et la crème. Mélanger. Assaisonner. Façonner en forme de petit cocon à l'aide de 2 cuillères à soupe. Garnir les assiettes de tranches de magret accompagnées de purée de céleri-rave, de chou rouge et de sauce au vin rouge que vous pouvez offrir à part.

Magret de canard laqué
au gingembre et au miel

Rouleaux de dinde
aux légumes sauce thaï

Rouleaux de dinde aux légumes sauce thaï
par personne

1 escalope de dinde
1 oignon vert
1 petite carotte
1 feuille de chou rouge

Sauce thaï (60 ml / 1/4 tasse)

2 c. à soupe de sauce soya
1/4 c. à thé de sauce de poisson
1 c. à thé comble de crevettes séchées
1 c. à thé de gingembre râpé
1 gousse d'ail hachée
2 c. à thé de miel
Le jus d'une demi-lime
1/2 c. à thé de coriandre hachée (facultatif)
2 c. à soupe d'huile de sésame

Coq
au vin

Coq au vin, 4-5 portions

1 poulet de 2 kg, coupé en morceaux
2 gousses d'ail hachées
1 oignon espagnol haché
35 g de farine
300 ml (1 1/4 tasse) de vin rouge corsé
375 ml (1/2 tasse) de bouillon de poulet
2 c. à soupe de cognac (facultatif)
20 ml d'huile d'olive
1 c. à soupe de pâte de tomate

Dans un poêlon ou un wok, faire revenir les crevettes séchées dans l'huile de sésame. Ajouter la sauce de poisson, l'ail et le gingembre et remuer pendant 1 à 2 minutes. Passer au tamis. Ajouter le reste des ingrédients. Bien mélanger. Réserver. Blanchir les légumes quelques minutes dans l'eau bouillante citronnée pour les attendrir. Passer sous l'eau froide. Égoutter et éponger. Aplatir l'escalope de dinde entre deux pellicules plastique en utilisant un rouleau à pâte. Farcir l'escalope avec les légumes coupés en fins bâtonnets sauf l'oignon vert dont on a coupé les extrémités. Rouler et ficeler. Faire chauffer assez d'huile dans un wok ou une poêle pour faire revenir le rouleau de dinde farci sur feu moyen-élevé, en arrosant de sauce thaï. Trancher le rouleau en portions. Servir accompagné de nouilles fines ou de riz vapeur.

Coq au vin

1 bouquet garni (thym, laurier, persil, etc.)
Sel et poivre au curcuma

Garniture

60 g de pancetta non fumée
12 oignons grelot
15 ml d'huile d'olive
1 à 2 c. à soupe de beurre manié
20 à 30 petits champignons de Paris
2 c. à soupe de persil plat haché

Laver la volaille, l'assécher, enlever la peau et couper en morceaux. Faire frémir une quinzaine de minutes le vin et le bouillon à découvert. Faire sauter l'oignon haché avec l'ail jusqu'à ce qu'ils soient dorés. Mettre de côté. Faire dorer la pancetta. Réserver. Paner les morceaux de poulet avec la farine assaisonnée et les faire revenir avec la pancetta dans l'huile d'olive pour qu'ils soient bien dorés. Flamber au cognac, si désiré. Verser le vin et le bouillon avec la pâte de tomate. Porter à ébullition en brassant sans arrêt. Ajouter le bouquet garni, le mélange d'ail, d'oignons et de persil. Mélanger et rectifier l'assaisonnement. Préchauffer le four à 350 °F (180 °C). Cuire 45 à 60 minutes en arrosant de temps en temps.

Faire sauter les petits oignons et les champignons dans un peu d'huile d'olive ou du beurre manié (quantité égale de farine et de beurre mou malaxés à la fourchette). Ajouter le persil haché et assaisonner. Réserver. Servir le poulet avec la sauce et les légumes d'accompagnement.

Rouleaux de dinde
aux légumes sauce thaï

Dinde à la saumure
avec farce aux fruits secs

Dinde à la saumure avec farce aux fruits secs
7-8 portions

Le saumurage de la dinde décongelée (entière ou en morceaux) permet d'avoir une dinde plus juteuse. Pour chaque litre de saumure, préparer une dilution de 50 ml (1/4 tasse) de sel de table par litre d'eau froide filtrée.

Choisir un contenant assez large pouvant recevoir la dinde et la quantité de saumure nécessaire pour la recouvrir complètement. Couvrir et laisser au réfrigérateur pendant 8 heures. Après cette période, sortir la dinde, jeter la saumure et farcir sans ajout de sel dans la préparation.

Farce pour accompagner une dinde de 6 à 7 kg

2 tranches de prosciutto
2 c. à soupe (30 g) de beurre non salé
1/2 oignon doux
2 branches de céleri
2 pommes
100 g d'abricots secs
100 g de canneberges séchées
125 g de mie de pain de 7 grains
2 c. à soupe de persil frais
1 gros œuf battu
Sel et poivre

Couper le céleri, les pommes, l'oignon, les abricots et la mie de pain en dés. Faire suinter la graisse du prosciutto dans un poêlon à feu moyen puis ajouter le beurre. Ajouter l'oignon et le céleri pour les attendrir. Retirer du feu. Ajouter le reste des ingrédients avec l'œuf battu. Assaisonner. Préchauffer le four à 325 °F (160 °C). Farcir la dinde. À l'aide de brochettes ou de ficelle, la refermer. La déposer dans un plat graissé et la badigeonner de beurre ou d'huile d'olive. Enfourner. Cuire environ 4 heures en arrosant régulièrement.

Suggestions

Faire une sauce au vin rouge ou au porto avec le fond de volaille. Pour ce faire, dégraisser le plat de cuisson et le chauffer sur la cuisinière à feu moyen pendant quelques minutes en grattant le fond qui adhère et en remuant jusqu'à ce que le liquide caramélise. Ajouter une noisette de beurre. Verser un petit verre d'eau froide ou déglacer au vin rouge ou au porto. Passer au chinois (ou dans une passoire). Parfumer d'une herbe au choix (sarriette, ciboulette, estragon) finement hachée ou avec un peu d'ail.

Dinde à la saumure
avec farce aux fruits secs

Dinde au chocolat
style mexicain

Dinde au chocolat style mexicain
6-8 portions

Morceaux de dinde cuite désossée (150 g par personne)

Sauce mole

500 ml de bouillon de poulet

500 ml d'eau

2 gousses d'ail hachées

2 échalotes françaises

3 tomates

Graines de citrouille, de tournesol, noix de pin et pistaches
(1 c. à soupe de chaque sorte)

1/2 tasse (70 g) de raisins secs

1 tortilla de blé entier

1/2 c. à thé de graines de coriandre

1/2 c. à thé de clous de girofle

1/2 c. à thé de cannelle

Pincée de curcuma

Pincée de cumin

Pincée de sel

4 c. à soupe d'huile d'olive

100 g de chocolat noir

Utiliser la carcasse de la dinde pour faire le bouillon en ajoutant de l'eau filtrée, un bouquet garni, quelques carottes coupées, une branche et le cœur d'un céleri et 2 gros oignons. Laisser mijoter environ 1 heure. Écumer et jeter les légumes. Passer au chinois (ou dans une passoire).

Pour la sauce mole, frire la tortilla et la couper en morceaux. Plonger les tomates dans l'eau bouillante quelques minutes pour qu'il soit plus facile de les peler. Réduire dans un robot culinaire tous les ingrédients sauf le chocolat et le bouillon. Mouiller avec un peu de bouillon si nécessaire. Transférer la préparation dans une casserole et la faire chauffer; incorporer le bouillon et l'huile d'olive. Ajouter le chocolat. Remuer pour s'assurer de bien le faire fondre. Laisser mijoter 30 minutes. Passer la sauce au chinois. Rectifier l'assaisonnement. Disposer les morceaux de dinde dans un plat de service et napper de sauce bien chaude.

Remarque
Si vous pouvez vous procurer des piments ancho séchés, vous réaliserez alors la recette originale mexicaine. On en retrouve une dizaine dans une recette de mole. Il faut les faire tremper une bonne heure avant de les passer au robot culinaire. Ajustez la quantité de liquide en conséquence. Suggestion : remplacer la tortilla par une tranche de pain de blé entier séchée.

Dinde au chocolat
style mexicain

Dinde à l'ananas
et aux canneberges

Dinde à l'ananas et aux canneberges, 2 portions

1 ananas mûr	1 c. à thé de miel
150 g de dinde cuite en cubes	Sauce Mirin ou vin blanc
1/2 tasse de riz sauvage	Huile de sésame
1/2 tasse de riz basmati	Sel et poivre fraîchement moulu
1/2 tasse de riz au jasmin	Sauce soya
1/4 tasse de canneberges séchées	Huile végétale de première pression bio
1 petite gousse d'ail hachée	

Débuter la cuisson du riz sauvage avant celle des autres types de riz. Ajouter le miel et les canneberges à l'eau de cuisson de l'un des riz blancs et cuire les deux types à la vapeur séparément. Couper l'ananas en deux et prélever la chair. Avec une moitié de l'ananas, couper des tranches minces de la largeur et de la hauteur de l'ananas, qui serviront à ériger des compartiments; avec l'autre moitié, tailler des cubes. Tailler la dinde en cubes et les faire sauter dans un poêlon antiadhésif ou un wok avec de l'huile de sésame et un peu d'ail. Arroser d'un trait de sauce Mirin. Ajouter les cubes d'ananas et mélanger. Transférer dans l'un des compartiments. Quand tous les types de riz sont cuits, verser un filet d'huile végétale de première pression, si désiré. Déposer chaque sorte dans un compartiment. Servir immédiatement, accompagné de sauce soya.

Remarque

La sauce Mirin est du saké ambré sucré qu'on utilise pour cuisiner. On choisit le hon-mirin plutôt que sa version synthétique bon marché, le mirin-fuhmi. On ajoute la sauce Mirin en fin de cuisson habituellement, pour donner de l'intensité au plat et une saveur subtile. Sa consistance sirupeuse crée un effet de nappage luisant sur les aliments.

Suggestions

Remplacer un des types de riz par des légumes sautés.

Dinde à l'ananas
et aux canneberges

Filet de saumon
style Nouveau Mexique

Filet de saumon style Nouveau Mexique
2-3 portions

1 filet de saumon (250 à 300 g)

Marinade

3 c. à soupe de pâte de tomate

1/4 tasse d'huile d'olive de première pression

1 c. à thé de pâte de piment ou de Tabasco

2 c. à soupe de coriandre hachée

1 gousse d'ail hachée

1/4 c. à thé de curcuma

Poivre noir fraîchement moulu

Mélanger tous les ingrédients de la marinade. Laver et sécher le poisson. Faire mariner 1 à 2 heures. Faire griller le poisson à la poêle ou sur une plaque cannelée antiadhésive environ 4 minutes de chaque côté, ou jusqu'à la cuisson désirée. Servir avec une salade verte, des épis de maïs et des pommes de terre au four.

Suggestions
Utiliser de la sauce chili ou toute autre sauce à base de piments forts vendue dans les épiceries de produits importés. Il faut en faire usage avec modération.

Filet de saumon
à la sauce teriyaki

Filet de saumon à la sauce teriyaki
4 portions

1 filet de saumon (500 g environ)

Marinade

Sauce teriyaki

1 petite gousse d'ail émincée

1 c. à thé de gingembre finement haché

125 ml (1/2 tasse) de sauce soja

125 ml (1/2 tasse) de sauce Mirin

2 c. a soupe de vin de cuisson chinois ou de saké

1 c. à soupe d'huile de sésame

1 c. à soupe de miel clair

Filet de saumon à la sauce teriyaki

Trancher le filet et le déposer dans un plat assez profond pour recevoir aussi la marinade. Mélanger tous les ingrédients de la marinade et verser sur le filet. Laisser au réfrigérateur 30 minutes à 1 heure en le retournant 2 fois. Cuire dans un poêlon rayé antiadhésif ou sous le gril environ 4 minutes de chaque côté. Servir avec des nouilles ou du riz au jasmin, une salade de bébés épinards ou des légumes sautés (bok choy, brocoli, champignons shiitake).

Filet de saumon
style Nouveau Mexique

Darne de saumon
au pesto à la coriandre

Darne de saumon au pesto à la coriandre
4 portions

4 darnes de saumon (125 à 150 g chacune)

Pesto à la coriandre

Coriandre fraîche

Persil frais

1 petite gousse d'ail

Le jus d'un demi-citron

2 c. à soupe de parmesan râpé

2 à 3 c. à soupe de noix de Grenoble

Sel et poivre fraîchement moulu

Pincée de curcuma (au goût)

Accompagnement

Nouilles à l'encre de calmar

Zeste de citron

Huile d'olive

Ail haché

Mélanger tous les ingrédients du pesto dans un robot culinaire et verser l'huile d'olive en filet, environ 1/2 tasse. Transvider dans un bol de service recouvert d'une pellicule plastique ou dans un contenant hermétique. Préchauffer le four à 350 °F (175 °C). Cuire le poisson dans un plat recouvert d'une feuille de papier parchemin 15 minutes ou moins (soit 3 minutes par cm d'épaisseur), selon les préférences. Vérifier la cuisson. Assaisonner.

Pendant la cuisson du poisson, faire bouillir de l'eau, ajouter du sel et les pâtes. Cuire 5 minutes ou plus selon les indications sur l'emballage. Égoutter, arroser d'un filet d'huile d'olive et ajouter un peu de zeste de citron. Les servir avec le poisson cuit à point (la chair se défait à la fourchette). Le pesto à la coriandre peut être nappé sur le poisson ou servi à part, comme sauce d'accompagnement; servir chaud ou à la température de la pièce.

Suggestions
Remplacer les noix de Grenoble par des noix de pin. Doubler les quantités de la recette de pesto et conserver dans un contenant hermétique au réfrigérateur.

Darne de saumon
au fenouil, tomate et oignon

Darne de saumon au fenouil, tomate et oignon
2 portions

2 darnes de saumon

1 bulbe de fenouil

8 petits oignons rouges

8 tomates cerises

Marinade

2 gousses d'ail hachées

1/2 c. à soupe de vinaigre balsamique

2 c. à soupe d'huile d'olive

2 c. à soupe de jus de citron

1 c. à soupe de miel

Darne de saumon au fenouil, tomate et oignon

Couper le fenouil en tranches et les oignons en deux. Dans un bol, verser les ingrédients de la marinade; bien mélanger. Déposer les légumes et les enrober. Ajouter plus d'huile si nécessaire. On peut les faire mariner 30 minutes à 1 heure. Préchauffer le four à 425 °F (220 °C). Sur une plaque ou un plat allant au four (utiliser une feuille de papier parchemin, si désiré), disposer les légumes et les enfourner pas plus de 10 minutes en surveillant de temps à autre. Ajouter les darnes de saumon et cuire 10 à 15 minutes environ, au goût.

Servir les darnes avec une bonne salade, des légumes rôtis et du riz aux herbes.

Darne de saumon
au pesto
à la coriandre

Truite panée
aux graines de lin

Truite panée aux graines de lin
par personne

1 filet de truite (150 g)
Sel et poivre
Huile d'olive de première pression

Panure

1/4 c. à thé de farine de kamut (ou de blé entier)
1/4 c. à thé de graines de lin moulues
1/4 c. à thé de lécithine de soya en granules
3 à 4 c. à soupe d'assaisonnement à poisson

Mélanger les ingrédients de la panure dans un bol et transférer dans une assiette plate. Enrober le filet de panure. Verser de l'huile d'olive dans un poêlon et cuire à feu vif environ 3 minutes de chaque côté. Servir accompagné d'une salade mesclun arrosée d'une bonne vinaigrette maison ou avec une combinaison de bons légumes de la famille des crucifères (chou, brocoli), sautés ou cuits légèrement à la vapeur.

Remarque

On peut se procurer l'assaisonnement pour poisson dans la plupart des poissonneries. Il renferme de l'ail, du sel et des fines herbes que vous pouvez facilement remplacer par les herbes séchées que vous avez sous la main, avec un peu d'ail.

Truite au four
style méditerranéen

Truite au four style méditerranéen
par personne

1 filet de truite (environ 150 g)
1 tomate italienne épépinée
1 oignon vert
1 c. à soupe d'olives noires
1 c. à soupe d'huile d'olive
1/2 c. à thé de thym frais
Sel et poivre fraîchement moulu

Truite au four
style méditerranéen

Nettoyer la truite et l'assécher. Couper la tomate et l'oignon en morceaux et faire revenir dans l'huile d'olive environ 1 minute à feu moyen. Assaisonner. Cuire le poisson au four à 350 ºF (175 ºC) 15 minutes ou plus selon la grosseur. Quelques minutes avant la fin de la cuisson, déposer le mélange à base de tomates et d'oignons sur le poisson.

Servir la truite accompagnée de pâtes arrosées d'huile d'olive aromatisée à l'ail rôti et saupoudrées d'un bon Parmigiano Reggiano (fromage parmesan importé d'Italie).

Truite panée aux graines de lin

Pétoncles relevés
au coulis de poivron

Pétoncles relevés au coulis de poivron
par personne

4 à 6 pétoncles
1/2 poivron rouge rôti
Huile d'arachide
Saké ou sauce Mirin
Ail émincé

Faire griller le poivron. Enlever la pelure et réduire au robot culinaire avec un filet d'huile, du saké, du vin de riz ou de la sauce Mirin (plus sucrée). Laisser sécher les pétoncles à l'air une heure avant de les faire sauter dans l'huile moins de 2 minutes de chaque côté (selon la grosseur). Aromatiser l'huile avec de l'ail, si désiré.

Napper les pétoncles avec un peu de coulis de poivron rouge rôti et servir avec du riz vapeur et des légumes (laitues chinoises, bok choy) blanchis ou sautés quelques minutes.

Maquereau
à la vapeur

Maquereau à la vapeur
3-4 portions

1 maquereau moyen
Anis étoilé
Rondelles d'orange
1 c. à soupe de jus d'orange
Huile végétale (canola, pépins de raisin)
Huile de sésame
Bok choy

Moudre les graines d'anis dans un mortier ou un moulin à café. Transférer dans un bol. Ajouter le jus d'orange, un peu d'huile végétale ainsi que quelques gouttes d'huile de sésame (facultatif) et mélanger. Couper le poisson en tranches. Saler et poivrer. Installer un bain-marie, un panier en bambou de style chinois ou métallique au-dessus d'un faitout ou d'un wok rempli d'eau bouillante, pour cuire à la vapeur. Mettre les épices et les rondelles d'orange sous les tranches de poisson, côté chair.

Cuire le poisson 4 à 5 minutes environ ou jusqu'à ce que la chair se détache à la fourchette. Faire sauter les légumes d'accompagnement ou ajouter simplement un compartiment sous le panier du poisson à mi-cuisson pour les cuire à la vapeur.

Suggestions

Vous pouvez déposer des rondelles d'orange sanguine ou régulière sur le poisson. Ceci ajoutera une touche esthétique à votre plat.
Une autre façon de cuisiner le poisson à la vapeur est de pratiquer des incisions sur le poisson et de mettre le mélange d'épices et de jus d'orange à l'intérieur de celles-ci.

Pétoncles relevés
au coulis de poivron

Crevettes panées

style orientale

Crevettes panées style oriental
par personne

7 crevettes

Panure

1 blanc d'œuf battu

1 c. à soupe de farine de tapioca

Huile d'arachide ou de canola bio

Sel

Mélanger la farine de tapioca avec l'œuf battu. Ajouter une pincée de sel. Enrober les crevettes de ce mélange. Les faire frire dans un poêlon ou un wok avec de l'huile. Égoutter sur du papier absorbant. Servir accompagné de bok choy légèrement sautée à l'ail et au gingembre.

Suggestions
Vous pouvez utiliser un mélange déjà préparé de tempura pour paner les crevettes.

Galette au chou chinois

okonomi yaki

galette au chou chinois (okonomi yaki)
par personne

1/2 tasse de chou haché (Nappa)

1 jaune d'œuf

2 c. à soupe de farine

2 c. à thé de sauce tomate

1 c. à soupe de crevettes séchées

Huile d'arachide bio

Mélanger tous les ingrédients dans un robot culinaire. Former une galette. Cuire dans un peu d'huile 2 minutes de chaque côté. Servir chaud accompagné de vermicelles de riz.

Moules au vin rouge

Moules

au vin rouge

Moules au vin rouge
par personne

Une douzaine de moules

1 c. à soupe d'huile d'olive

1/4 tasse de vin rouge

3 c. à soupe de tomates en dés

1 échalote française

3 c. à soupe de sauce tomate

2 c. à soupe de persil frais haché

Sel et poivre fraîchement moulu

Pincée de curcuma (facultatif)

Laver soigneusement les moules. Les brosser sous l'eau courante. Rejeter toutes celles qui sont entrouvertes. Dans un chaudron, faire revenir l'échalote dans l'huile d'olive ou faire suer. Verser le vin. Incorporer les moules et bien mélanger. Saler et poivrer. Poser le couvercle. Cuire à feu vif en surveillant la cuisson. Quand les moules sont toutes ouvertes, ajouter la sauce tomate, les dés de tomate et le persil. Rectifier l'assaisonnement. Servir.

Suggestions
Une copieuse salade de légumineuses complèterait bien ce plat. Si vous pouvez vous le permettre, accompagnez les moules de frites faites avec des patates douces ou des ignames. Elles sont délicieuses cuites dans une bonne huile de cuisson. Il est à noter que les ignames ont un indice glycémique faible (moins de 50 %).

galette au chou chinois (okonomi yaki)
Crevettes panées style oriental

Vermicelles croustillants
aux crevettes

Vermicelles croustillants aux crevettes

par personne

8 crevettes moyennes décortiquées
Vermicelles de riz
1/2 tasse de chou-fleur
1/2 tasse de chou nappa
1 gousse d'ail émincée
Vin de riz ou Xérès
Sauce Mirin (facultatif)
Sauce soya
1 c. à soupe de curcuma
Poivre noir fraîchement moulu

Étuver le chou-fleur à l'eau parfumée au curcuma (ajouter environ 1 c. à soupe de poudre de curcuma par litre d'eau et saupoudrer de poivre noir). Ne pas prolonger la cuisson au-delà de 4 à 5 minutes. Le chou-fleur doit demeurer croustillant. Nettoyer les feuilles de chou nappa et les émincer. Ajouter un peu d'huile végétale bio dans un wok et faire sauter le chou nappa et les crevettes avec l'ail émincé pas plus de quelques minutes, en versant un filet de vin de riz et de la sauce soya. Terminer en incorporant le chou-fleur; verser de la sauce Mirin pour glacer et sucrer légèrement, si désiré. Réserver. Dans une friteuse ou à la poêle, faire chauffer assez d'huile d'arachide pour faire sauter les vermicelles de riz quelques minutes avant de servir. Présenter les légumes chauds sur les vermicelles.

 Suggestions

Les vermicelles de riz sont très fins et se brisent facilement. Si vous ne voulez pas les frire, ils cuisent presque instantanément dans l'eau chaude. Cependant, vous devez les faire tremper préalablement. On peut les remplacer par des nouilles de soya ou à base de fèves mung qui, une fois trempées, gonflent et deviennent transparentes. Elles doivent aussi être trempées dans l'eau chaude 5 minutes avant la cuisson. On les appelle souvent « nouilles cellophane ».

Remarque

La sauce Mirin vient de la cuisine japonaise où elle est employée dans des plats tels que le teriyaki et sukiyaki (fondue japonaise). Elle apporte une saveur nouvelle et délicate aux aliments tout en les glaçant. Ce condiment légèrement sucré est fait, entre autres, de vinaigre et d'assaisonnements de riz fermentés. On peut s'en procurer facilement dans les magasins d'aliments naturels, les épiceries asiatiques et de plus en plus facilement à votre supermarché.

Vermicelles croustillants
aux crevettes

Riz épicé
aux crevettes style Moyen-Orient

Riz épicé aux crevettes style Moyen-Orient
2-4 portions

12 à 24 crevettes moyennes	1 tasse de riz basmati
1 gros oignon espagnol	1 feuille de laurier
2 gousses d'ail	1 1/2 tasse d'eau filtrée
1 c. à thé ou plus de curcuma	4 c. à soupe d'huile d'olive
12 tomates cerises	Mélange d'épices baharat
1 c. à soupe de persil	Sel et poivre au curcuma
1 c. à thé de coriandre fraîche	

Rincer le riz à l'eau froide. Porter de l'eau à ébullition, réduire la chaleur au minimum et cuire le riz à couvert avec la feuille de laurier et une pincée de sel. Dans un poêlon antiadhésif, faire sauter les crevettes avec l'ail émincé dans l'huile d'olive. Déposer dans un plat et réserver.

Couper les tomates en quartiers et ciseler les herbes. Trancher l'oignon en lamelles et le faire revenir dans l'huile jusqu'à ce qu'il soit doré légèrement et devienne transparent. Ajouter les quartiers de tomate et les herbes. Cuire une minute de plus en saupoudrant de curcuma et du mélange d'épices baharat. Incorporer le riz et verser un peu d'huile supplémentaire.

Garnir les assiettes de riz épicé et de crevettes. Servir accompagné d'une salade verte.

Suggestions

Utilisez la moitié ou moins de la quantité de baharat pour vous initier à ces saveurs très épicées. Vous aurez besoin des épices suivantes en poudre ou entières que vous pourrez réduire dans un mortier : 2 c. à thé de paprika doux; 2 c. à thé de poivre gris; 1 c. à thé de coriandre; 1 c. à thé de clous de girofle; 1 1/2 c. à thé de cumin; 1/2 c. à thé de cardamome; et 1/2 c. à thé de graines de muscade. Faire griller à sec les graines de coriandre avant de l'incorporer au mélange. Cela permet d'obtenir la pleine saveur de cette épice.

Remarque

Le baharat est utilisé dans les États du golfe Persique. Ce mélange d'épices gagne à être connu. Il vaut la peine d'être préparé à l'avance, conservé à l'abri de la lumière dans un contenant hermétique.

Riz épicé aux crevettes
style Moyen-Orient

Maki-sushis
à la perche et avocat

Maki-sushis à la perche et avocat
2-4 portions

100 g de filet de perche crue
1/2 avocat
Carotte
Concombre
1 tasse (175 g) de riz à sushi
1 1/4 tasse d'eau
2 c. à thé de vinaigre de riz
Sel de mer
Fructose ou miel

Remarque

Le wasabi est issu de la cuisine japonaise. Cette variété de raiforts est vendue en poudre car le wasabi frais ne se conserve pas longtemps. Il faut ajouter le même volume de poudre que d'eau tiède pour réaliser une pâte servie comme condiment.

Suggestions

Faites des tests de goût avant d'en étendre sur les feuilles d'algue ou bien faites un mélange d'huile ou de mayonnaise. On peut réaliser des sushis sans ajout de wasabi. Le riz humide collera à la feuille d'algue.

Sauce crémeuse

Wasabi en poudre
Huile végétale (canola, pépins de raisin)
Curcuma et poivre noir
Miel

Recette de base pour la préparation du riz à sushi :
Rincer le riz sous l'eau froide. Cuire 15 à 20 minutes à la vapeur après avoir porter l'eau à ébullition. Quand le riz est cuit, le rincer à l'eau froide. Mettre dans un saladier. Réserver. Dans un chaudron, porter à ébullition pendant 1 minute le vinaigre de riz, un peu de miel et une pincée de sel. Verser ce mélange sur le riz et bien mélanger en l'aérant pour l'aromatiser. Il peut se conserver au réfrigérateur quelques jours.

Préparer la crème de wasabi en émulsifiant tous les ingrédients. Servir dans un petit contenant à part ou en coulis dans l'assiette.

Confection des maki-sushis :
Trancher des lanières de carotte et de concombre. Badigeonner une feuille d'algue nori, côté lisse vers la natte de bambou, d'un peu de wasabi dilué dans l'eau (y ajouter un peu de curcuma poivré, si désiré) ou de crème de wasabi (notre recette). Déposer au centre de la feuille d'algue une petite épaisseur de riz (1/2 cm / 1/4 po) en prenant soin de laisser une lisière sans riz au pourtour. Creuser le centre pour y déposer les lanières de poisson et de légumes. Soulever la natte de bambou pour enrouler le tout. Il faut appuyer aux extrémités du rouleau durant cette opération. Trancher des portions avec un couteau bien aiguisé. Servir avec le mélange de wasabi souhaité.

Nigiri-sushis
pétoncle-crevette

Nigiri-sushi pétoncle-crevette
2-4 portions

Riz à sushi (voir recette de base)
Pétoncle cru
Crevette cuite

Remarque

Vous pouvez réaliser des nigiri-sushis avec d'autres types de poissons, du saumon ou du thon par exemple.

Couper le pétoncle cru en fines lanières et ouvrir la queue de la crevette au centre. Maintenir le fruit de mer sur les doigts. Prélever une boulette de riz qu'on presse sur la lanière jusqu'à ce qu'elle adhère bien au fruit de mer. Modeler une forme arrondie pareille à un cocon. Déposer sur une assiette de service ou conserver au réfrigérateur, protégé à l'aide de pellicule plastique. Les sushis se préparent bien quelques heures à l'avance mais doivent être consommés préférablement dès leur confection.

Maki-sushis à la perche et avocat
Nigiri-sushi pétoncle-crevette

unagi
ebi
maki

Brochette
de requin

Brochettes de requin
par personne

100 g de requin

Marinade

Le jus d'une demi-lime

1 échalote française

1 petit oignon rouge émincé

Pincée de poudre de curry

Pincée de poudre de curcuma

Pincée de cumin

Gingembre frais haché (au goût)

Huile d'olive ou beurre clarifié

Sel et poivre au curcuma

Tomates cerises

Rouget
à la coriandre
et aux agrumes

Rouget à la coriandre et aux agrumes
2 portions

1 rouget moyen

1/2 tasse de jus d'ananas

1/2 pamplemousse ou orange sanguine

Coriandre fraîche

Persil

1 petit navet

1 poireau

2 oignons verts

1 petit oignon

Huile d'olive

Préparer la marinade et tailler le poisson en cubes. Faire mariner 30 minutes à 1 heure; le poisson prendra une couleur jaune. Monter les brochettes en alternant avec les légumes frais. Faire griller sur une plaque antiadhésive environ 4 minutes en les retournant et en les badigeonnant d'huile d'olive ou de beurre clarifié. Servir accompagné de salade et de riz basmati vapeur.

Remarque
Vous pouvez utiliser n'importe quel poisson blanc ferme, telle la lotte, pour réaliser ces brochettes. L'ajout de poivre noir augmentera l'effet bénéfique du curcuma.

Rouget à la coriandre et aux agrumes

Préchauffer le four à 350 °F (180 °C). Déposer le rouget entièrement vidé et écaillé dans un plat ovale allant au four. Couper les légumes et les disposer autour du poisson. Farcir le poisson d'herbes fraîches et de quartiers d'agrumes. Napper de jus d'ananas et saupoudrer de graines de moutarde. Saler et poivrer au goût. Cuire au four à découvert. Arroser de temps en temps. Si les arêtes sont retirées, le poisson cuira plus vite. Mettre les légumes cuits dans un plat de service recouvert. Réserver. Transférer le jus de cuisson dans une casserole. Ajouter un filet d'huile d'olive ou d'une autre bonne huile végétale de première pression et faire frémir à feu moyen. Ajuster l'assaisonnement. Verser ce liquide sur le poisson au moment de servir avec un filet d'huile sur les légumes ou une noisette de beurre.

Suggestions
Accompagnez ce poisson de légumes sautés et de riz parfumé au jasmin. Si vous désirez servir votre poisson froid, retirez la peau pendant qu'il est chaud. La peau a tendance à devenir collante en refroidissant, ce qui rend l'opération plus difficile.

Remplacez le jus d'ananas par du jus d'orange et ajoutez des rondelles d'orange sur le poisson avant la fin de la cuisson. Pour un plat moins sucré, utilisez du fumet de vin rouge pour braiser votre poisson. Substituer le rouget par de la dorade.

Brochettes de requin

Fagots
de fruits de mer et de poisson

Fagots de fruits de mer et de poisson
par personne

Crevettes, pétoncles, maquereau

Huile à friture au curcuma

Nouilles japonaises extra fines style « tomoshiraga »

1 feuille d'algue nori (à sushi)

Sauce

1 c. à thé de sirop d'érable

1 c. à soupe de sauce soya légère

Gingembre haché (facultatif)

Quelques gouttes d'huile de sésame

Sauce d'accompagnement pour fruits de mer

1 c. à soupe de sauce soya légère

1 c. à thé de miel

Un peu d'ail ou de piment rouge (facultatif)

1/4 c. à thé de gingembre râpé

Quelques gouttes d'huile de sésame

Sardines
méditerranéennes

Sardines méditerranéennes
par personne

Sardines non congelées

Basilic

Rappinis

Tomate

Olives noires

Fromage feta

1 gousse d'ail

Huile d'olive

 Suggestions

Profitez de la chaleur élevée du four pour faire griller des poivrons et une plus grande quantité d'ail, que vous conserverez dans des contenants hermétiques, à l'abri de la lumière.

Aromatiser l'huile à friture (1 litre) avec 1 c. à soupe de poudre de curcuma et 1/4 c. à thé (une bonne pincée) de poivre noir fraîchement moulu. Bien mélanger. L'huile se colorera rapidement. Mélanger les ingrédients de la sauce et porter à ébullition pour que le mélange soit homogène.

Badigeonner le poisson de sauce et le faire cuire dans un poêlon ou au four, sous le gril, jusqu'à cuisson désirée (environ 2 à 3 minutes).

Disposer les nouilles à plat et rouler la crevette ou le pétoncle pour former un fagot. L'attacher avec une bande d'algue nori dont on humectera l'extrémité pour la faire adhérer. Dans une friteuse ou un wok, faire dorer les fagots quelques minutes. Les déposer sur du papier absorbant avant de servir avec la sauce d'accompagnement. Selon la présentation, on peut rouler les nouilles en partant de l'extrémité de la crevette (tête) ou les couper à la grandeur désirée.

Sardines méditerranéennes

Émincer la gousse d'ail finement. La faire rôtir à sec dans un poêlon ou au four (voir remarque). Préchauffer le four à 400 ºF (200 ºC). Cuire les sardines badigeonnées d'huile d'olive et farcies de basilic, de sel et de poivre, jusqu'à ce que la chair s'effeuille à la fourchette.

Trancher la tomate et le feta en dés et les olives en rondelles. Les déposer dans un saladier et verser de l'huile d'olive. Réserver. Couper la base fibreuse des rappinis. Les blanchir. Passer sous l'eau froide et arroser d'un filet d'huile d'olive. Parsemer d'ail rôti. Réserver. Garnir les assiettes de poisson, de légumes et de fromage feta en ajoutant un filet d'huile d'olive de première pression au moment de servir. Accompagner ce plat de riz au curcuma ou de pâtes aux épinards à l'huile d'olive.

 Remarque

Les rappinis peuvent être sautés à la poêle dans l'huile d'olive. Faire rôtir l'ail dans l'huile avant de les incorporer.

Fagots de fruits de mer
et de poisson

Pavés de thon grillés
et salsa

Pavés de thon grillés et salsa
2 portions

2 pavés de thon de 180 g environ
1 c. à thé de graines de cumin
Pincée de flocons de piment rouge séché
Sel et poivre fraîchement moulu
Zeste de lime et son jus
2 c. à soupe d'huile d'olive extra vierge

Salsa

1 petit oignon rouge perlé
10 à 12 tomates cerises
1 poivron rouge épépiné
1 branche de céleri
1 c. à soupe de jus de citron
2 c. à soupe de coriandre fraîche
2 c. à soupe de menthe fraîche
Sauce Mirin
1/2 c. à thé de miel
Rondelles de citron vert (facultatif)

Roulade
de poisson aux amandes
et aux cèpes

Roulade de poisson aux amandes et aux cèpes
par personne

1 poisson (rouget, doré, morue ou sole)

Farce

1/2 oignon haché
3 c. à soupe d'amandes au tamarin
3 c. à soupe de cèpes déshydratés
3 c. à soupe de crème
Sel et poivre

Laver le poisson. L'essuyer avec du papier absorbant et le déposer dans un plat en verre, en inox ou en porcelaine. Faire griller les graines de cumin et les écraser dans un mortier avec le zeste de lime, le sel et le poivre. Humecter les pavés de thon d'huile d'olive et saupoudrer les épices en les pressant sur le dessus. Réserver 30 minutes.

Pour la salsa, couper l'oignon, le poivron et le céleri en dés; hacher les tomates grossièrement. Ciseler les herbes et les incorporer aux légumes. Verser du jus de lime, de la sauce Mirin et de l'huile d'olive; bien mélanger puis assaisonner au goût. Réserver.

Cuire le thon dans un poêlon antiadhésif cannelé environ 2 minutes de chaque côté ou plus, selon la cuisson désirée. Arroser du jus de lime restant (facultatif). Servir avec la sals. Agrémenter de rondelles ou de quartiers de lime. Servir ce plat accompagné d'une salade verte et de tortillas.

Roulade de poisson
aux amandes et aux cèpes

Hacher les noix, les champignons et l'oignon et déposer tous les ingrédients dans un bol. Verser la crème et mélanger. Aplatir les filets de poisson enveloppés d'une pellicule plastique à l'aide d'un rouleau à pâte. Assaisonner. Déposer la farce sur chaque filet. Les rouler délicatement. Les déposer ensuite dans des moules à muffins huilés ou antiadhésifs. Cuire 15 minutes environ (selon la grosseur des filets) à 350 ºF (175 ºC). Servir avec du riz aux légumes ou des nouilles de riz accompagnées de légumes vapeur.

Suggestions

Utiliser d'autres types de champignons sauvages séchés, tels que les bolets ou un mélange forestier. On les retrouve de plus en plus dans les épiceries spécialisées. Vous pouvez faire griller à sec vos amandes et les arroser de sauce tamarin ou soya. Les refroidir avant de les incorporer au poisson.

Pavés de thon grillés et salsa

Grillades de calmars
en sauce verte

Grillades de calmars en sauce verte
par personne

2 calmars nettoyés
Jus de citron
Huile d'olive
1 gousse d'ail écrasée
1/2 c. à thé d'origan frais ciselé
1/2 c. à thé de persil frais ciselé

Sauce verte

1 filet d'anchois
1/2 c. à thé de graines de lin moulues (facultatif)
1 c. à thé de câpres
Persil frais
Basilic
Menthe
Vinaigre balsamique blanc
Huile d'olive ou de pépins de raisin
Moutarde de Dijon
Sel et poivre fraîchement moulu

Brochettes
de lotte à l'ananas

Brochettes de lotte à l'ananas
par personne

100 g de lotte en cubes
3 tiges d'oignon vert
9 cubes d'ananas frais

Marinade

3 parties d'huile de pépins de raisin bio
1 partie d'huile de sésame
3 c. à soupe de jus d'ananas
1 c. à thé de zeste de citron ou de lime
Pincée de curcuma et de poivre noir
1/4 c. à thé de gingembre haché (facultatif)
1/4 c. à thé d'ail haché (facultatif)

Mélanger tous les ingrédients de la sauce dans un robot culinaire. Verser l'huile d'olive en filet. Assaisonner. Ajuster la quantité de moutarde; commencer par une petite c. à thé.

Laver les calmars, les assécher et les couper en rondelles. Faire griller de chaque côté en les saupoudrant de sel, de poivre fraîchement moulu et de persil ciselé, si désiré. Servir avec du citron et la sauce verte offerte en saucière.

Suggestions
Une salade d'épinards fera un bon accompagnement; des pommes de terre au four ou des légumes grillés seront aussi agréables à servir.

Brochettes de lotte à l'ananas

Trancher l'ananas aux extrémités, enlever le centre fibreux et couper en deux pour faciliter l'opération. Tailler en cubes d'un pouce (environ 3 cm). Préparer la marinade et tailler le poisson en cubes. Faire mariner 30 minutes à 1 heure. Monter les brochettes avec les légumes frais. Faire griller sur une plaque antiadhésive 4 minutes environ en les retournant.

Servir accompagné d'une salade verte et de champignons shiitake ou de riz basmati vapeur.

Suggestions

Vous pouvez utiliser tout autre poisson blanc à chair ferme pour réaliser ces brochettes.

grillades de calmars en sauce verte

Coquilles aux fruits de mer
et à l'orzo

Coquilles aux fruits de mer et à l'orzo
2 portions

2 portions (5 onces) d'orzo
6 pétoncles moyennes
4 crevettes
1 gousse d'ail
tasse de tomates en dés avec le jus
1 c. à soupe de persil haché
1 c. à s. de fromage parmesan frais
Huile d'olive
Thym, origan, basilic frais
Sel poivre au curcuma

Cuire les pâtes et ne pas les rincer. Réserver. Faire revenir l'ail dans l'huile d'olive et cuire les fruits de mer à feu moyen. Ajouter les tomates avec le jus ainsi que les herbes ciselées. Réduire. Goûter et rectifier l'assaisonnement. Râper le fromage. L'ajouter à la sauce tomate. Incorporer les pâtes. Remuer et servir.

 Suggestions

Le fromage romano « romain » typiquement italien est fait à partir de lait de brebis. Le Pecorino romano provient de la Sardaigne et de la Toscane où son appellation est contrôlée. Le Parmigiano Reggiano, fromage parmesan, est fait de lait de vache et est également d'appellation contrôlée lorsqu'il est importé d'Italie.

Maquereau braisé
aux tomates et basilic

Maquereau braisé aux tomates et basilic
par personne

1 petit maquereau (150 g)
8 à 10 tomates cerises
Portion d'asperges
3 oignons rouges
1/4 tasse de vin rouge (facultatif)
1/4 tasse de bouillon de légumes
Basilic frais émincé
Huile d'olive
Quartiers de citron (facultatif)

Maquereau braisé aux tomates et basilic

Préchauffer le four à 350 ºF (180 ºC). Déposer le poisson nettoyé dans un plat huilé peu profond en verre, en inox ou en céramique. Émincer le basilic, trancher les oignons et les quelques tomates. Saupoudrer l'intérieur du poisson de sel et de poivre et ajouter le basilic, les tranches d'oignon et de tomate et verser un filet d'huile d'olive. Ne pas trop farcir car le poisson rétrécit à la cuisson. Verser le bouillon de légumes et le vin rouge (si on n'emploie pas de vin, doubler la quantité de bouillon). Cuire au four le temps nécessaire pour que la chair soit cuite. Vérifier en cours de cuisson et en profiter pour arroser. Pendant ce temps, cuire les asperges à la vapeur, les égoutter. Réserver.

Servir le poisson arrosé de jus de cuisson, avec les asperges et des tomates cerises.

Coquilles
aux fruits de mer
et à l'orzo

Plats de viande

Satay
de porc

Satay de porc
4 portions

225 g (1/2 lb) de filet de porc (pour 10 brochettes environ)

Marinade

1 c. à thé de racine de gingembre râpée

1 c. à thé de citronnelle hachée

3 gousses d'ail finement hachées

1 c. à soupe de pâte de tomate

1/2 c. à thé de cumin en poudre

1/2 c. à thé de curcuma en poudre

Pincée de poivre noir moulu

3 c. à soupe de crème de coco

1 c. à soupe de sauce de poisson (facultatif)

1 c. à thé de miel

Huile d'arachide bio

Suggestions

Si vous n'avez pas de citronnelle sous la main, remplacez par une quantité moindre de zeste de citron.

Rouleau de chou
style Europe de l'Est

Rouleaux de chou style Europe de l'Est
2 portions

Feuilles de chou

Eau filtrée

2 baies de genièvre

Pincée de graines de moutarde

Pincée de graines de coriandre

Sel de mer

Farce

150 g de veau haché

1 œuf

3 champignons (girolles, pleurotes)

1 échalote émincée finement

Beurre bio ou huile de canola

Paprika

Muscade râpée

Sauce d'accompagnement

125 ml (1/2 tasse) de lait de coco

1/2 c. à thé de pâte de tomate

1 c. à soupe de beurre d'arachide

60 ml (1/4 tasse) de bouillon de poulet

2 c. à soupe de miel

2 c. à soupe de sauce soya ou tamarin

1/2 c. à soupe de sauce de poisson

Pincée de poivre au curcuma

Détailler le porc en cubes ou en lanières et piquer la viande à la fourchette. Enfiler sur des brochettes de bambou. Mélanger les ingrédients de la marinade dans un bol en verre ou en inox et laisser macérer la viande 2 à 4 heures. Préparer la sauce. Chauffer la crème de coco à feu moyen, ajouter tous les ingrédients sauf la sauce soya et remuer. Cuire 5 minutes. Le mélange deviendra lisse. Vaporiser de l'huile sur les brochettes et les faire griller dans le four préchauffé à 400 °F (200 °C), en les retournant plusieurs fois pour bien les faire dorer, soit 10 minutes environ. Servir avec la sauce, des vermicelles ou du riz et une salsa de mangue et navet.

Origan

Nelken

Poivre moulu

250 ml (1 tasse) de bouillon de poulet ou de légumes

Effeuiller délicatement le chou. Porter à ébullition les baies de genièvre, la coriandre et quelques graines de moutarde avec du sel de mer. Blanchir les feuilles de chou 5 à 8 minutes, pour qu'elles soient tendres. Saupoudrer une pincée de chaque épice sur la viande. Faire sauter les champignons et l'échalote émincés dans l'huile ou du beurre. Incorporer la viande et cuire à feu moyen. Ajouter l'œuf battu. Bien amalgamer. Déposer à la cuillère dans chaque feuille. Rouler et ficeler au besoin.

Déposer les rouleaux dans un plat huilé, les arroser d'un peu de bouillon et cuire 3 à 5 minutes au four à 350 °F (175 °C). Servir arrosé de bouillon chaud.

Satay de porc

Filet de gibier
étagé

Filet de gibier étagé
2 portions

125 g de gibier
Romarin
Piment d'Espelette
Curcuma
Poivre noir
Miel de sarrasin
6 à 8 topinambours
1 poireau tranché
Épinards
Brin de romarin
Huile d'olive
Sel et poivre au curcuma

Tuiles aux canneberges

1 partie de beurre ramolli
1 partie de farine d'épeautre, de kamut ou de blé entier
1 partie de blanc d'œuf (1 blanc équivaut à 2 c. à soupe)
Canneberges séchées
Graines de sésame noires

Préchauffer le four à 375 ºF (190 ºC). Battre le blanc en neige. Ajouter le beurre et la farine. Mélanger. Ajouter une poignée de canneberges et de graines de sésame. Étaler sur une feuille de papier parchemin. Cuire 5 à 7 minutes ou jusqu'à ce que la pâte soit dorée et croustillante. Découper en carrés (tuiles) un peu plus larges que les morceaux de viande.

Faire revenir le poireau dans l'huile d'olive. Cuire les topinambours au four ou à l'étouffée. Leur ajouter le mélange de poireau et du romarin haché finement. Cuire le brocoli quelques minutes à la vapeur ou faire sauter à la poêle dans un peu d'huile d'olive. Faire le montage en superposant la viande et le brocoli sur les tuiles et servir avec les légumes d'accompagnement.

Roulade de gibier
au fromage de chèvre et shiitake

Roulade de gibier au fromage de chèvre et shiitake
par personne

100 g de filet de gibier
Fromage de chèvre crémeux
Fines herbes (thym, romarin, sauge)
3 champignons shiitake
Huile d'olive de première pression
Riz sauvage
Canneberges
Arugula (roquette)

Roulade de gibier au fromage de chèvre et shiitake

Mélanger les herbes finement ciselées avec le fromage de chèvre. Faire une incision dans le centre du filet de gibier et déposer le fromage aux herbes. Rouler et attacher avec de la ficelle. Poêler dans un peu de beurre ou d'huile d'olive; cuire selon la cuisson souhaitée. Ajouter les champignons en fin de cuisson ou les servir nature. Servir avec du riz sauvage, des canneberges et de la roquette (laitue arugula) pour un peu de piquant.

Remarque
Le champignon shiitake pousse dans la nature sous des arbres tels que le chêne et le châtaignier (shii signifiant arbre), mais on en fait aussi la culture. Il est connu sous le nom de champignon chinois, bien que son origine soit japonaise. Il est riche en vitamines D et B2 et en fibres. Il a entre autres la capacité de réduire le cholestérol sanguin.

Filet de gibier étagé

Lapin
à la goyave

Lapin à la goyave
2 portions

300 g de dos de lapin	Sauce soya
1 poireau grillé	Sauce Mirin
Cèpes séchés	Huile de pépins de raisin
Jus de goyave	Poivre noir
	Pincée de curcuma

Trancher le lapin. Couper le blanc de poireau en 4. Arroser de jus de goyave. Faire griller le poireau au four 8 à 10 minutes, au goût, ou jusqu'à ce qu'il soit tendre. Réserver. Réhydrater les champignons. Dans un faitout, faire revenir la viande quelques minutes dans l'huile et verser de la sauce soya et de la sauce Mirin. Cuire le lapin à l'étuvée, à feu moyen-doux 10 à 15 minutes environ. Ajouter les champignons avant la fin de cuisson; les cuire 1 minute et retirer la viande. Réserver. Préparer la sauce en versant du nectar de goyave. Laisser réduire légèrement jusqu'à la consistance désirée.

Tremper les nouilles d'accompagnement une dizaine de minutes dans l'eau froide. Les cuire 1 à 2 minutes dans l'eau bouillante. Servir avec le lapin.

Remarque

La goyave, tout comme la tomate, a des propriétés anticancéreuses grâce à sa teneur en lycopènes non négligeable de 5,4 mg par 100 g.

Lapin
au chocolat

Lapin au chocolat
par personne

1 cuisse de lapin désossée
2 échalotes françaises
1 gousse d'ail
1 feuille de laurier
Persil frais
Huile d'olive
1/2 tasse de bouillon de légumes
60 ml (1/4 tasse) de vin rouge
50 g de chocolat noir 70 %

Lapin au chocolat

Faire revenir la cuisse de lapin dans l'huile d'olive et dégraisser le poêlon. À feu moyen, continuer la cuisson et ajouter 2 échalotes françaises coupées finement et une gousse d'ail émincée. Déglacer au vin rouge. Réduire. Mouiller au bouillon de légumes. Ajouter le persil haché finement. Incorporer le chocolat noir avec 2 c. à soupe de miel. Assaisonner. Servir accompagné de légumes vapeur.

Lapin à la goyave

Chili

con carne

Chili con carne
4 portions

450 g (1 lb) de bœuf ou de veau haché maigre	1 c. à thé de chili en poudre (au goût)
150 g de légumineuses mélangées (cuites)	ou 1/2 petit piment rouge épépiné
8 poivrons cubanel	1/4 c. à thé de cumin
1 poivron doux	1 c. à thé de curcuma
1 gros oignon	1/2 c. à thé de poivre noir
1 gousse d'ail	1/4 c. à thé d'origan
800 ml (1 boîte) de tomates en morceaux	Pincée de cannelle
6 tomates séchées	Huile d'olive
1 c. à soupe de pâte de tomate	2 c. à soupe de vin rouge (facultatif)
	Fromage râpé (facultatif)

Couper l'oignon, le poivron doux et les tomates séchées en dés. Hacher l'ail. Faire sauter l'oignon et l'ail dans l'huile quelques minutes pour qu'ils soient tendres et légèrement dorés. Ajouter la viande et les épices. Cuire à feu moyen-élevé. Arroser de vin rouge et bien mélanger. Dégraisser avant d'incorporer les tomates et les légumineuses. Laisser mijoter à feu doux de 30 à 45 minutes. Vérifier la consistance en ajoutant un peu d'eau au besoin. Servir bien chaud dans des moitiés de poivron mexicain soigneusement évidés, ou garni de fromage râpé style Monterey Jack. Accompagner ce plat de tacos ou de tortillas, d'une salade verte et de crème sûre.

Filet de porc

au chocolat et aux framboises

Filet de porc au chocolat et aux framboises
2-3 portions

1 petit filet de porc (250 g)
25 g de chocolat noir
1 c. à soupe d'oignons rouges hachés
80 à 100 g de framboises congelées ou fraîches
Jus de citron
1/2 c. à thé de romarin haché (au goût)
50 ml de bouillon de légumes ou d'eau
Miel

Filet de porc au chocolat et aux framboises

Saisir le filet de porc dans l'huile d'olive. Cuire au four à 350 °F (175 °C) environ 15 minutes. Préparer la sauce au chocolat. Dégraisser la poêle et faire revenir les oignons. Déglacer au jus de citron. Réduire. Incorporer les framboises hachées grossièrement. Cuire lentement à feu très doux. Mouiller à l'eau ou au bouillon de légumes. Après la cuisson, incorporer le chocolat et brasser délicatement. Napper ou servir en saucière.

Chili con carne

Saucisses en coiffe
maisons

Saucisses en coiffe aux canneberges
par personne

100 g de porc haché

4 c. à soupe de canneberges séchées

2 c. à soupe de noix de pin

1 échalote française hachée

Sel et poivre fraîchement moulu

Faire griller les noix de pin à sec. Hacher les canneberges et les noix. Dans un bol, mélanger les ingrédients et façonner en portions individuelles. Déposer dans la coiffe. Poêler et servir bien cuit.

Saucisses en coiffe au gingembre et à l'orange
par personne

100 g de veau ou de porc haché

2 c. à thé de gingembre

2 c. à thé de zeste d'orange

Échalote grise (1 c. à soupe)

Le jus d'un quart de citron

Sel et poivre fraîchement moulu

Blanchir et hacher le zeste d'orange. Hacher finement l'échalote grise. Dans un bol, mélanger les ingrédients et façonner en portions individuelles. Déposer dans la coiffe. Poêler et servir bien cuit.

Saucisses en coiffe au brie et noix de pacane
par personne

100 g de viande hachée (porc, veau, bœuf)

2 c. à soupe d'échalotes françaises

4 c. à soupe de noix de pacane

2 c. à soupe de cerfeuil

20 g de brie

Hacher les noix de pacane et le cerfeuil. Mélanger tous les ingrédients. Façonner la saucisse en creusant au centre pour y déposer le fromage. Déposer dans la coiffe. Poêler et servir bien cuit.

Saucisses en coiffe asiatiques
par personne

100 g de viande hachée

2 c. à soupe de figues séchées

1 c. à soupe d'échalotes

2 c. à thé de sauce Mirin

2 c. à thé de sauce soya

1 c. à thé d'huile de sésame

1 c. à thé de graines de sésame noires

Faire sauter l'échalote hachée dans l'huile quelques minutes. Couper les figues en petits dés. Dans un bol, mélanger les ingrédients et façonner en portions individuelles. Déposer dans la coiffe. Poêler et servir bien cuit. Accompagner de riz vapeur et de légumes vapeur ou sautés.

Suggestions
Découvrez tout le plaisir de cuisiner ses propres saucisses avec des ingrédients frais facilement accessibles et exempts d'agents de conservation nocifs pour la santé. Nul besoin d'accessoires de cuisine particuliers. Demandez simplement à votre boucher de vous fournir la quantité de coiffes nécessaire. Vous pouvez congeler vos saucisses à condition d'avoir utilisé des viandes fraîches, non décongelées préalablement.

Saucisses en coiffe asiatiques

Saucisses en coiffe aux canneberges

Saucisses en coiffe au gingembre et à l'orange

Saucisses en coiffe au brie et noix de pacane

Mijoté de porc
à la mangue

Mijoté de porc à la mangue
2 portions

2 jarrets de porc
1 oignon rouge en morceaux
60 g de mangue en lanières
Sauge fraîche
Pincée de poivre de Jamaïque
1 tasse de bouillon de légumes
1 c. à soupe de beurre manié
Sel et poivre au curcuma

Filet de porc
farcis aux bleuets sauvages

Filets de porc farcis aux bleuets sauvages
4 portions

1 gros filet de porc

Farce

60 ml (1/4 tasse) d'huile d'olive
2 c. à soupe d'oignons doux
2 c. à soupe de beurre
2 gousses d'ail finement hachées
100 g de chapelure de pain à la farine de kamut
2 c. à soupe de graines de lin moulues
1 c. à thé d'origan frais haché
1 c. à soupe de persil frais haché
2 c. à thé de zeste d'orange râpé
6 c. à soupe de bleuets sauvages
1 œuf
6 à 8 grandes tranches de proscuitto

Sauce

250 ml (1 tasse) de bouillon de poulet ou de légumes
1 échalote grise hachée
Feuilles d'origan
2 c. à soupe de bleuets sauvages
3 c. à thé de miel

Dans un faitout, couvrir les jarrets d'eau froide et porter à ébullition. Réduire le feu et cuire pendant 1 heure environ. Retirer les jarrets et jeter. Enlever la couenne et le gras. Couper la viande de porc en bouchées. Couper les tranches de mangue séchées, l'oignon en morceaux et verser le bouillon. Laisser mijoter à feu doux 1 heure avec les feuilles de sauge. Vers la fin de la cuisson, décanter. Faire un beurre manié (quantité égale de farine et de beurre mou malaxés à la fourchette) pour épaissir la sauce. Bien remuer. Rectifier l'assaisonnement. Ajouter de l'eau au besoin.

Filets de porc farcis aux bleuets sauvages

Préchauffer le four à 335 °F (170 °C). Cuire l'oignon dans un peu d'huile ou de beurre jusqu'à ce qu'il soit transparent. Ajouter au mélange de chapelure, de graines de lin moulues, d'origan haché, de persil et de zeste d'orange. Ajouter l'œuf. Assaisonner. Étendre une pellicule plastique sur la surface de travail. Étaler les tranches de proscuitto. Déposer le filet dessus. Le couper en deux dans le sens de la longueur pour l'ouvrir. Répartir la farce sur toute la longueur et saupoudrer de bleuets. Envelopper le porc avec les tranches de proscuitto. Faire un rouleau et ficeler. Vaporiser un peu d'huile d'olive et mettre au four. Cuire pendant 1 heure. La viande est cuite lorsqu'en la transperçant le jus est clair. Retirer la viande du plat, la couvrir de papier d'aluminium et laisser reposer. Dégraisser le plat de cuisson et le mettre sur le feu. Faire suer l'échalote. Verser le bouillon. Réduire. Ajouter le miel, les bleuets et l'origan haché. Assaisonner au goût. Servir le porc farci avec la sauce.

Mijoté de porc à la mangue

Nouilles sautées
au porc et légumes croustillants

Nouilles sautées au porc et légumes croustillants
par personne

125 g de filet de porc	
Nouilles à la vapeur style Chow mein	
1 tasse de bok choy émincé	
1 gousse d'ail émincée	
1/4 c. à thé de gingembre émincé	
Piment fort (au goût)	
Ciboulette asiatique émincée	
1/2 c. à thé de jus de lime	
1 c. à thé de pâte d'haricot noir	
125 ml (1/2 tasse) de bouillon de poulet	
Huile d'arachide	

Couper la viande en lanières et la piquer à la fourchette. Préparer une marinade avec le bouillon en y délayant la pâte d'haricot noir. Ajouter la moitié de l'ail et du gingembre et un peu de piment fort, au goût. Faire mariner 1 à 2 heures, si désiré, ou cuire à la poêle dans la marinade. Cuire les nouilles dans l'eau chaude. Égoutter et réserver. Trancher les bok choy en morceaux. Faire sauter les lanières de viande quelques minutes dans l'huile. Réserver. Ajouter un peu d'huile et faire sauter les légumes avec l'ail, le gingembre restant et un trait de jus de lime. Incorporer les nouilles. Mélanger.

Rôti de porc farci à la sauge
et aux poireaux parfumé aux mûres

Rôti de porc
farcis à la sauge et aux poireaux parfumé aux mûres

Rôti de porc farci à la sauge
et aux poireaux parfumé aux mûres, 4 portions

1 rôti de porc désossé (filet ou palette)	

Farce

150 g de porc	
1 tasse de poireaux tranchés	
5 c. à soupe de chapelure fine	
2 c. à soupe de sauge fraîche hachée	
3 c. à soupe de mûres hachées	
1 petit œuf battu	
Sel et poivre noir fraîchement moulu	
Pincée de curcuma	
Huile d'olive	

Sauce

1/2 tasse de bouillon (bœuf ou poulet)	
1/2 tasse de mûres	
1 c. à soupe de jus de citron	
1 c. à soupe de miel	
2 c. à soupe d'huile d'olive	
Sel et poivre	
Pincée de curcuma (au goût)	

Préchauffer le four à 350 °F (175 °C). Trancher les poireaux et les faire sauter dans l'huile d'olive jusqu'à ce qu'ils soient tendres. Couper le porc en dés grossiers. Mélanger avec la chapelure, la sauge hachée finement et l'œuf battu. Saler au goût; ajouter du poivre fraîchement moulu et une pincée de curcuma. Ouvrir le rôti et le farcir, puis le rouler et le ficeler.

Mettre le rôti côté graisse vers le bas dans un plat de cuisson et assaisonner. Cuire 30 minutes. Vérifier en piquant; le jus doit être clair. Sortir du four et couvrir de papier aluminium. Garder au chaud 10 minutes avant de servir. La viande peut être servie rosée.

Pour la sauce, porter le bouillon à ébullition et ajouter le citron et les mûres. Incorporer le miel et laisser réduire 8 minutes environ. Passer la sauce au robot culinaire en y versant l'huile d'olive en filet. Passer au chinois pour enlever les graines. Rectifier l'assaisonnement. Servir le rôti coupé en tranches épaisses avec la sauce aux mûres.

Nouilles sautées au porc
et légumes croustillants

Brochettes de veau
tandoori

Brochettes de veau tandoori
3-4 portions

350 g de gigot ou d'épaule d'agneau
1 gousse d'ail écrasée
Une pincée de chacune des épices suivantes : curcuma, poudre de chili, cumin, muscade râpée, cannelle et coriandre
Poivre noir
Graines de pavot
Oignons perlés
Yogourt nature
Beurre clarifié (ghee)
Sel fin

Remarque
Le ghee ou beurre clarifié, qui a été débarrassé de son petit lait. Il ne brûle donc pas. Il faut faire fondre du beurre à feu très doux ou au bain-marie, puis le filtrer à l'aide d'une passoire munie d'un linge pour retenir le petit lait qui a formé un dépôt.

Faire griller à sec les graines de coriandre pour en faire ressortir les saveurs et réduire dans un mortier. Couper la viande en cubes et la piquer à la fourchette. Mélanger assez de yogourt pour bien recouvrir la viande. Ajouter l'ail, la moitié des épices et les graines de pavot. Bien mélanger la viande avec ces ingrédients. (Préparée la veille, la viande peut ainsi mariner au moins 8 heures au réfrigérateur. La sortir 1 heure à l'avance.)

Enfiler les cubes de viande en alternance avec les oignons perlés sur des brochettes métalliques. Cuire au four à 375 °F (190 °C). Badigeonner de beurre clarifié et d'épices après les 4 premières minutes de cuisson et quelques fois en cours de cuisson. Les brochettes doivent dorer et une mince croûte doit se former.

Servir accompagné de riz basmati au curcuma, de brocoli ou d'une salade.

Suggestions
Les brochettes de bois doivent être préalablement trempées dans l'eau pour qu'elles ne brûlent pas pendant que la viande grille.

Foie de veau
au vin rouge

Foie de veau au vin rouge, 4 portions

650 g de foie de veau
180 ml (3/4 tasse) de vin rouge doux
12 oignons perlés
Brins de thym
Brins d'estragon
2 c. à soupe de persil haché
1/2 c. à thé de miel
1 c. à soupe de vinaigre balsamique
4 c. à soupe d'huile d'olive
2 c. à soupe de farine de kamut
Pincée de curcuma
Sel et poivre noir fraîchement moulu

Suggestions
Un vin sicilien de type marsala serait intéressant à utiliser car il est doux et liquoreux. D'ailleurs, il est servi pour déguster des pâtisseries fines italiennes.

Foie de veau au vin rouge

Hacher les herbes. Couper le foie en tranches fines. Les faire mariner 30 minutes à 1 heure dans le vin rouge et un peu de thym et d'estragon. Faire sauter les oignons dans l'huile quelques minutes et ajouter les herbes (sauf le persil), une pincée de sel, le miel et le vinaigre. Réserver. Assaisonner la farine avec du sel et du poivre au curcuma. Enfariner les tranches de foie et les cuire très rapidement dans l'huile d'olive pour qu'elles soient dorées mais rosées à l'intérieur. Garder au chaud. Verser le vin rouge dans la poêle en grattant le fond et faire bouillir pour obtenir un peu de sauce (réduire au 2/3 ou à la 1/2, au goût). Parfumer à l'estragon. Servir le foie avec les oignons aux herbes et la sauce au vin rouge en accompagnement.

Brochettes
de veau tandoori

Rouleau de chou
style Moyen-Orient

Rouleaux de chou style Moyen-Orient
2-3 portions

Feuilles de chou	2 c. à soupe d'huile d'olive extra vierge
Farce	1 petite gousse d'ail
100 g de veau, d'agneau ou de bœuf haché	1 c. à thé de menthe fraîche
1 oignon moyen	1 c. à thé de jus de citron
100 g de riz sauvage à grain long	125 ml (1/2 tasse) de bouillon de légumes ou de poulet
1/2 c. à thé de piment de Jamaïque	Sel et poivre

Faire sauter l'oignon haché finement dans l'huile en remuant jusqu'à ce qu'il devienne moelleux. Incorporer la viande et l'ail haché et cuire à point. Dégraisser. Assaisonner. Transférer dans un saladier avec tous les autres ingrédients de la farce. Verser 1 c. à soupe d'huile et bien mélanger. Blanchir les feuilles de chou dans l'eau salée 5 minutes. Les refroidir à l'eau froide. Prendre chaque feuille de chou et y déposer une cuillère comble de farce puis rouler en serrant bien jusqu'au bout de la feuille.

Disposer les rouleaux dans un chaudron, bien serrés les uns contre les autres. Verser le bouillon et cuire au four quelques minutes à 350 °F (175 °C). Servir avec du yogourt nature et du pain pita.

Remarque

L'épice surnommée « tout-épice » (all spice en anglais) porte aussi le nom de piment ou poivre de Jamaïque. À ne pas confondre avec le cinq-épices ou le quatre-épices qu'on utilise en cuisine orientale. Il s'agit en réalité d'une baie très aromatique d'un arbuste, le myrte piment (Pimenta dioica, de la famille des Myrtacées), qui pousse dans les régions des Caraïbes jusqu'au Brésil.

Mijoté d'agneau
aux poires et aux abricots

Mijoté d'agneau aux poires et aux abricots
4 portions

1 kg (2,2 lb) d'agneau (jarret ou épaule)	
2 gros oignons	
1/2 c. à thé de gingembre moulu	25 g de coriandre fraîche (facultatif)
1/2 c. à thé de poivre de Cayenne	Huile d'olive
1/4 c. à thé de filaments de safran pulvérisés	2 poires asiatiques ou Bosc
1 c. à thé de graines de coriandre	60 à 100 g d'abricots secs
1 bâton de cannelle	Brins de coriandre fraîche

Couper l'agneau en morceaux et les oignons en dés. Faire griller les graines de coriandre pour qu'elles dégagent leur arôme et les écraser dans un mortier en ajoutant les autres épices. Mettre l'agneau dans une cocotte à fond épais et ajouter la moitié des oignons et des épices. Assaisonner. Couvrir d'eau froide et porter à ébullition. Laisser mijoter à feu doux 1 heure environ à couvert. Couper les fruits pelés en morceaux. Verser de l'huile dans une poêle et faire dorer le reste des oignons. Ajouter les abricots et les poires et les faire revenir à feu moyen-doux 2 à 3 minutes environ. Incorporer au mijoté la coriandre hachée et le mélange de fruits, remuer et cuire 30 à 60 minutes supplémentaires à feu doux, à couvert. Rectifier l'assaisonnement. Servir avec du couscous ou du riz.

Rouleaux de chou
style Moyen-Orient

Rôti de chevreau
à l'ail et légumes du jardin

Rôti de chevreau à l'ail et légumes du jardin
4 portions

1 rôti d'épaule de chevreau
2 à 3 gousses d'ail
Moutarde de Dijon
Huile d'olive
Brins de romarin
Brins de sarriette
125 ml (1/2 tasse) de vin rouge ou blanc sec
Sel et poivre

Sauce

250 ml (1 tasse) de bouillon de légumes ou de poulet
1 échalote grise hachée
Brins de romarin, estragon
1/2 c. à thé d'ail haché
Miel (au goût)
Sel et poivre au curcuma

Préchauffer le four à 250 °F (120 °C). Couper les gousses d'ail en morceaux sur la longueur. Piquer le rôti avec l'ail et disposer les brins d'herbes fraîches tout autour en les passant sous les ficelles. Mélanger de la moutarde de Dijon avec un peu d'huile d'olive et enduire le rôti. Assaisonner. Verser le vin rouge au fond du plat. Cuire lentement 2 heures et demie environ. Faire réduire le jus de cuisson.

 Suggestions
Profitez de la chaleur du four pour faire griller des légumes racines, oignons, ail, poireaux, badigeonnés d'huile. Tout simplement délicieux pour accompagner un rôti!

 Remarque
La viande de chèvre est faible en gras et contient du fer en quantité intéressante. Une portion de 85 g de bœuf contient 6,8 g de gras saturé tandis que la viande de chèvre n'en contient que 0,79 g. Elle est également riche en protéines, soit 23 g, et contient plus de fer (3,3 g). Son apport calorique est inférieur, soit 122 contre 245 pour le bœuf.

Rouleaux de chou
style oriental

Rouleaux de chou style oriental

Rouleaux de chou style oriental
2 portions

100 g de porc haché
1 œuf battu
1 c. à thé de pousses de bambou hachées
1 c. à soupe de châtaignes d'eau
1 gousse d'ail hachée
Feuilles de chou
Sauce Mirin
Sauce soya légère

Sauce

1/2 tasse de bouillon de poulet
1 c. à thé de sauce soya ou tamarin
Pincée de poivre Sichuan

Cuire les ingrédients à feu moyen. Verser un trait de sauce soya et de sauce Mirin en fin de cuisson. Blanchir 2 feuilles de chou nappa et refroidir aussitôt à l'eau froide. Farcir. Rouler délicatement. Déposer les rouleaux côte à côte sur une plaque à cuisson et arroser de sauce. Mettre au four quelques minutes à 350 oF (175 oC).

 Suggestions
Remplacer le porc haché par du poisson, du poulet ou des crevettes.

Rôti de chevreau à l'ail et légumes du jardin

Plats de pâtes et quiches

Coquilles farcies
au saumon fumé

Coquilles farcies au saumon fumé
4 portions

12 grosses coquilles
300 g de saumon fumé ou gravlax
170 g (6 oz) d'épinards

Sauce

1 échalote grise
15 ml d'huile d'olive
1 1/2 tasse de crème à cuisson (15 %)
2 tasses de petites feuilles d'épinards
75 g de fromage suisse
Sel
Poivre
Curcuma

Faire suer les épinards à sec. Assaisonner. Faire revenir l'échalote dans l'huile d'olive; ajouter les épinards, la crème et le fromage. À feu doux, brasser pour que le mélange ne colle pas. Passer au mélangeur. Cuire les pâtes et ne pas les rincer. Les arroser d'huile d'olive. Garnir les coquilles d'épinards et verser la sauce au saumon bien chaude à l'intérieur. Servir avec une salade de légumes ou des légumes à l'étuvée.

Suggestions
Attention à ne pas trop saler la sauce si on utilise un gravlax déjà amplement salé.

Farfalles au saumon
et à l'aneth

Farfalle au saumon et à l'aneth
2 portions

Farfalle de blé entier
160 g de filet de saumon frais
1 gousse d'ail hachée
1 c. à soupe d'aneth ciselé
Huile d'olive
Crème à cuisson (15 %)
Sel et poivre fraîchement moulu

Farfalle au saumon et à l'aneth

Cuire les pâtes pendant la préparation de la sauce. Ne pas les rincer. Faire revenir l'ail dans l'huile et ajouter la crème et la moitié de l'aneth. Remuer. Ajouter le saumon coupé en bouchées et cuire quelques minutes. Rectifier l'assaisonnement, au goût. Napper les pâtes de sauce. Servir avec une salade verte.

Suggestions
Employer de la truite ou des restes de gravlax. Attention à l'ajout de sel en cuisinant les poissons fumés ou déjà salés tel le gravlax.

Coquilles farcies
au saumon fumé

Sauce

crue

Sauce crue, 2 portions

2 tomates mûres
Bouquet de basilic
1 gousse d'ail émincée
Huile d'olive extra vierge
Jus de citron (facultatif)
Une pincée de sucre
Olives noires
Sel et poivre

Couper les tomates en morceaux. Réduire la moitié au robot culinaire pour en faire une purée. Transférer dans un cul-de-poule et y ajouter l'huile d'olive, le jus de citron, le basilic et l'ail haché finement ainsi que les olives tranchées. Assaisonner. Ajouter une pincée de sucre si les tomates sont trop acides. Laisser reposer 2 à 3 heures. Si conservée au réfrigérateur, la sortir 1 heure à l'avance pour la laisser chambrer.

Pesto

vert

Pesto vert, 2 portions

80 ml (1/3 tasse) de bouillon de poulet
1 bouquet de basilic
1 bouquet de persil
1/3 tasse de noix de pin
1/3 tasse de parmesan
1/3 tasse d'huile d'olive
Jus de citron
1 gousse d'ail
Sel et poivre

Griller les noix de pin à feu moyen jusqu'à ce qu'elles soient dorées. Combiner tous les ingrédients dans le robot culinaire ou un mélangeur en versant de l'huile d'olive. Mélanger jusqu'à l'obtention d'une pâte lisse. Ajouter un filet de jus de citron, au goût. Cela aidera à la conservation. Peut se conserver au réfrigérateur dans un bocal hermétique environ 2 semaines.

Pesto

roso

Pesto roso, 2 portions

1/3 tasse de bouillon de poulet
1/3 tasse de tomates séchées dans l'huile
1/3 tasse de persil
1/3 tasse de noix de pin
1/3 tasse de parmesan
1/3 tasse d'huile d'olive
1 gousse d'ail
Sel et poivre au curcuma

Mélanger tout au robot culinaire. Les tomates séchées au soleil peuvent être utilisées. Elles se réhydrateront dans le mélange en peu de temps.

Sauce crue
Pesto vert
Pesto roso

Sauce
menthe et lime

Sauce menthe et lime, 2 portions

Jus de 1/2 lime
3/4 tasse d'huile d'olive
1/4 tasse de menthe fraîche hachée
1 à 2 c. à soupe de miel
Sel et poivre

Mélanger tout au robot culinaire. Assaisonner. Goûter et ajuster la quantité de chacun des ingrédients en ajoutant celui dont vous préférez relever la saveur. Servir chaud ou froid.

Sauce
aux tomates

Sauce aux tomates
2 portions
Coulis de tomates

3 tomates mûres
1 grappe de tomates confites
Huile d'olive
1 échalote grise émincée
1 tasse de courgettes et chou-fleur
Thym ou origan frais

Faire le coulis de tomates en moulinant les tomates crues ou cuites (au goût) afin d'obtenir une purée bien lisse. Nul besoin d'épépiner ni de peler les tomates. Assaisonner. Faire revenir les courgettes tranchées et les fleurons de chou-fleur dans l'huile avec l'échalote. Mélanger tout au robot culinaire en incorporant les herbes fraîches. Assaisonner. Garnir de légumes et de tomates confites.

Sauce
aux champignons et au vin rouge

Sauce aux champignons et au vin rouge
2 portions

1 échalote grise hachée finement
2 c. à soupe de sauce tomate
3 champignons de Paris émincés
1 tomate mûre en dés
Bouillon de poulet
1/4 tasse de vin rouge
1 c. à thé de thym frais
Sel et poivre
1 c. à thé de beurre

Faire sauter les ingrédients dans l'huile d'olive. Déglacer avec 1/4 tasse de vin rouge et laisser réduire. Mouiller avec 1/4 tasse de bouillon de poulet. Ajouter le thym, le sel et le poivre ainsi que le beurre. Servir sur des pâtes al dente non rincées.

Sauce aux champignons
et au vin rouge

Sauce
aux tomates

Sauce menthe et lime

Cannellonis
au fromage ricotta et au cresson

Cannellonis au fromage ricotta et au cresson
6 portions

| 1 tasse de ricotta |
| 1 échalote grise hachée |
| 1/2 tasse de cresson |
| 1 c. à soupe de persil frais haché |
| 1 œuf |
| Sel et poivre |

Sauce tomate

| 2 tasses de tomates italiennes en boîte |
| 1/2 oignon haché |
| 1/2 gousse d'ail |
| 1/2 tasse d'eau |
| Fromage parmesan |
| Fromage mozzarella (facultatif) |
| 6 cannellonis à cuisson rapide |

Faire revenir l'échalote dans l'huile d'olive avec le persil. Les mélanger avec le ricotta et le cresson haché grossièrement. Incorporer tous les autres ingrédients et bien mélanger. Farcir les cannellonis. Mettre la moitié de la sauce dans le fond du plat. Déposer les cannellonis et verser le reste de la sauce dessus. Cuire environ 30 minutes ou selon les instructions du fabricant, à 350 °F (175 °C). Sortir du four et ajouter le fromage mozzarella. Gratiner au four si désiré ou saupoudrer de fromage parmesan au moment de servir.

Linguinis
et veau farcis

Linguinis et veau farcis, 2 portions

| 2 escalopes de veau |
| Fromage suisse (râpé ou en tranches) |
| 2 c. à soupe de champignons tranchés |
| 1/4 tasse de tomates en dés avec le jus |
| 1 échalote grise et (ou) de l'ail haché |

| Huile d'olive |
| Thym |
| Sel et poivre |
| Pâtes aux épinards |

Cuire les pâtes mais ne pas les rincer. Réserver. Faire revenir l'échalote dans l'huile d'olive. Ajouter les tomates avec le jus. Réduire. Diviser le mélange. Râper le fromage et déposer sur une moitié d'escalope. Mettre une cuillère à soupe de sauce tomate. Faire revenir les champignons et les déposer sur les tomates. Rabattre la moitié de l'escalope. Faire saisir des deux côtés dans une poêle huilée. Mélanger le reste de la sauce tomate avec les pâtes. Servir.

Pâtes crémeuses
à l'ail rôti et boulettes de viande et canneberges

Pâtes crémeuses à l'ail rôti et boulettes de viande et canneberges, 4 portions
Pour les boulettes de viande

| 200 g de viande hachée (veau, porc) |
| 1 œuf battu |
| 1/2 oignon haché |
| 3 c. à soupe de canneberges hachées |
| 2 c. à soupe de persil haché |
| Sel et poivre |
| Pâtes au blé entier |

Sauce

| 1/2 tasse de crème sûre |
| 1/4 tasse de bouillon de poulet |
| 1 gousse d'ail hachée |
| 1 c. à soupe de persil haché |

Mélanger tous les ingrédients et façonner en boulettes. Les faire revenir dans l'huile d'olive jusqu'à cuisson désirée. Cuire les pâtes mais pas trop car elles vont continuer de cuire dans la sauce. Ne pas les rincer. Faire revenir l'ail avec le persil dans l'huile pour qu'ils soient dorés. Incorporer les pâtes et verser le bouillon de poulet. Réduire. Ajouter la crème et assaisonner. Servir.

Cannellonis au fromage
ricotta et au cresson

Pâtes crémeuses à l'ail rôti
et boulettes de viande
et canneberges

Linguinis et veau farcis

Lasagne au chocolat noir
et légumes

Lasagne au chocolat noir et légumes
2-3 portions

Recette de base pour des pâtes aux oeufs

350 g (12 oz) de farine blanche
1 c. à thé de sel
2 c. à soupe de chocolat noir pur
3 œufs
4 c. à soupe d'huile d'olive
1 c. à soupe d'eau

Mélanger la farine avec le sel et le chocolat en poudre. Faire un puits et verser l'huile et l'eau. Ajouter les œufs un à un en mélangeant. Pétrir la pâte jusqu'à l'obtention d'une boule lisse. Sur une surface de travail légèrement enfarinée, continuer de pétrir. Laisser reposer 15 à 30 minutes. Enfariner la surface de travail à nouveau. Régler le laminoir au plus large et passer la pâte. L'étirer par petites quantités à la fois, qui seront plus faciles à manipuler. Répéter l'opération plusieurs fois en retournant la pâte, en essayant de conserver la forme finale désirée de sorte à obtenir des pâtes homogènes et lisses. Réajuster la largeur du laminoir au besoin, selon l'épaisseur des pâtes désirée.

Suggestions

Les farines biologiques sont aussi une bonne alternative pour confectionner ses pâtes. Il est possible d'ajouter 15 % de farine de soya au mélange de farine. Un mélange de 30 % de farine de sarrasin et de 70 % de farine de blé ou de kamut est conseillé.

Sauce

50 g de chocolat noir (70 %)
2 c. à soupe de noix de pin hachées
2 c. à thé d'huile de noisette
1 c. à soupe de fécule de maïs
2 oignons perlés
1 1/2 tasse de bouillon de poulet
1 tasse de vin rouge sec
Pincée de poivre de Cayenne
Poivre au curcuma
Sel

Garniture aux choix

Poivrons colorés
Bébés épinards
Champignons de Paris
Volaille cuite coupée en lanières

Faire griller les noix à sec et les hacher. Réserver. Détailler les oignons et les faire dorer dans l'huile. Verser le vin et le bouillon de poulet. Réduire 15 minutes sur feu moyen. Ajouter le chocolat à la fin. Délayer la fécule dans de l'eau froide. L'incorporer au mélange. Laisser épaissir quelques minutes. Assaisonner au goût. Faire sauter les légumes de la garniture dans l'huile pour les attendrir, si désiré. Cuire les pâtes mais ne pas les rincer. Les découper en morceaux. Superposer les lasagnes avec la garniture choisie et les noix hachées. Napper de sauce au chocolat bien chaude entre chaque étage. Servir immédiatement.

Suggestions

Pour une saveur plus chocolatée, faire fondre un carré de chocolat avec un peu d'huile de noisette ou de beurre et napper le dessus de la lasagne ou déposer un filet dans l'assiette.

Lasagne crémeuse
au curcuma et au poulet

Lasagne au chocolat noir
et légumes

Linguinis au curcuma et aux crevettes

Linguinis au curcuma
et aux crevettes

Linguinis au curcuma et aux crevettes
2 portions
Pour les pâtes

350 g (12 oz) de farine blanche

1 c. à thé de sel

2 c. à soupe de curcuma

3 œufs

4 c. à soupe d'huile d'olive

1 c. à soupe d'eau

Poivre noir moulu

Sauce

3 c. à soupe d'huile d'olive extra vierge ou de beurre bio

2 c. à soupe de persil frais ciselé

2 c. à soupe de jus de citron

1 gousse d'ail émincée

12 Crevettes (ou 12 pétoncles)

Pincée de curcuma

Poivre noir moulu

Parmesan râpé

Pâtes au curcuma

Mélanger la farine avec le poivre, le sel et le curcuma en poudre. Faire un puits et verser l'huile et l'eau. Ajouter les œufs un à un en mélangeant. Vous pouvez porter des gants lors du pétrissage car le curcuma tache la peau. Pétrir la pâte jusqu'à l'obtention d'une boule lisse. Sur une surface de travail légèrement enfarinée, continuer de pétrir. Laisser reposer 15 à 30 minutes.

Enfariner la surface de travail à nouveau. Régler le laminoir au plus large et passer la pâte. L'étirer par petites quantités à la fois, qui seront plus faciles à manipuler. Répéter l'opération plusieurs fois en retournant la pâte, en essayant de conserver la forme finale désirée de sorte à obtenir des pâtes homogènes et lisses. Changer l'accessoire du laminoir pour obtenir le type de pâtes désiré. À noter qu'il est bon de laisser reposer la pâte 10 minutes, après l'avoir étendue, avant de la tailler en morceaux car ceux-ci risquent de rapetisser en séchant. Enfariner la surface de travail sur laquelle les pâtes seront déposées.

Cuire les pâtes mais ne pas les rincer. Ciseler très finement le persil. Dans un poêlon, chauffer l'huile d'olive. À feu moyen, faire dorer l'ail et faire sauter les crevettes. Réserver. Fouetter le jus de citron et l'huile d'olive. Ajouter le persil. Mélanger. Verser sur les pâtes. Remuer. Ajouter les crevettes. Assaisonner. Servir avec du fromage parmesan ou romano râpé.

Suggestions
Donner un goût différent à la sauce en employant de l'estragon frais haché finement ou un mélange persil et estragon.

Lasagne crémeuse
au curcuma et au poulet

Lasagne crémeuse au curcuma et au poulet
6 portions

Pour les pâtes

Utiliser la même recette que pour les linguinis.

Pour la béchamel

2 1/2 tasses de lait
1 oignon perlé émincé
50 g (1/4 tasse) de beurre
50 g (environ 1/3 tasse) de farine de kamut
1 feuille de laurier
Pincée de muscade
Sel et poivre

Garniture

1 poitrine de poulet cuite
170 g (6 oz) d'épinards
Fromage mozzarella
Fromage parmesan
Pâtes alimentaires (lasagne)
Sel et poivre fraîchement moulu

Dans une casserole, à feu moyen, faire sauter l'oignon avec la muscade et la feuille de laurier. Verser le lait et porter à ébullition puis retirer du feu. Couvrir afin que les aromates parfument le lait. Quand le mélange est refroidi, le réchauffer à feu doux et le porter à ébullition une seconde fois. Filtrer. Dans un faitout, à feu moyen, mélanger le beurre avec la farine. Remuer en utilisant un fouet. Verser le lait en continuant de remuer jusqu'à ébullition pour que la sauce épaississe. Baisser le feu. Faire mijoter 2 à 3 minutes de plus. Assaisonner.

Préchauffer le four à 350 °F (175 °C). Couper le poulet en morceaux et les tiges des épinards préalablement rincés. Cuire les pâtes al dente (et un peu plus) mais ne pas les rincer. Graisser un moule rectangulaire allant au four. Étaler en alternance dans le plat les pâtes, la sauce béchamel ou le fromage mozzarella, les épinards et les morceaux de poulet. Terminer avec du fromage. Recouvrir le plat de papier d'aluminium et cuire environ 45 minutes à 1 heure. Enlever le papier d'aluminium et laisser gratiner 7 à 10 minutes. Servir.

Suggestions

Réaliser des rouleaux en utilisant les feuilles de lasagne cuites al dente. Graisser un plat allant au four. Étaler des bébés épinards sur chaque feuille. Ajouter à une extrémité de petites pétoncles, des moules ou des crevettes décortiquées sautés à l'huile d'olive et à l'ail rôti et déglacés au vin blanc. Napper de béchamel et saupoudrer de parmesan râpé et de mozzarella au goût. Façonner en rouleau, piquer d'une brochette de bois pour le maintenir. Arroser de béchamel ou gratiner avec du fromage mozzarella. Cuire 5 minutes au four préchauffé 450 °F (230 °C).

Remplacer les bébés épinards par une ou deux asperges cuites coupées de la même largeur que la feuille de pâte ou ajouter un mélange de champignons (bolets, cèpes) sautés au beurre.

Feuilletés
aux crevettes et légumes

Feuilletés aux crevettes et légumes
3 portions

200 g de pâte feuilletée
3 c. à soupe de beurre
3 c. à soupe de farine de kamut
1 tasse de bouillon de légumes
Crème à cuisson
3 ou 4 crevettes en morceaux
Brocoli et chou-fleur
1 gousse d'ail
Cerfeuil

Détailler les légumes en bouchées et émincer l'ail. Pour faire un roux, utiliser une casserole à fond épais dans laquelle faire revenir le beurre avec la farine à feu moyen. Ajouter I tasse de bouillon de légumes froid. Porter à ébullition en brassant. Incorporer la crème 15 % ou 35 %. Assaisonner. Préchauffer le four à 400 °F (200 °C).

Rouler la pâte feuilletée et découper des cercles. Remplir les ramequins de crevettes et de légumes et abaisser la pâte. Badigeonner d'œuf battu. Cuire jusqu'à ce que la pâte soit dorée. Servir. (Voir la recette de pâte feuilletée à la page 248.)

Pâté crémeux
aux poireaux et proscuitto

Pâté crémeux aux poireaux et proscuitto
2 portions

1/2 tasse d'emmental ou de fromage suisse râpé
4 tranches de prosciutto
2 poireaux
1 1/2 tasse de chou-fleur et de brocoli
1/4 tasse de noix de pin grillées
1/3 tasse de beurre fondu
10 à 12 feuilles de pâte phyllo

Couper les légumes en petits morceaux. Les faire revenir dans l'huile d'olive quelques minutes. Travailler la pâte phyllo rapidement, en prenant soin de recouvrir les feuilles d'un linge humide. Couper des rectangles et les badigeonner de beurre fondu. Déposer le prosciutto, les légumes, les noix et le fromage au centre et replier chaque côté du rectangle en le ramenant vers le centre, chaque côté se rabattant ainsi les uns sur les autres. Procéder rapidement et avec précaution car la pâte phyllo est très fragile; ajouter du beurre si nécessaire. Cuire au four préchauffé à 375 °F (190 °C), sur une plaque à biscuits recouverte de papier parchemin, 35 à 40 minutes environ ou jusqu'à ce que le pâté soit d'une belle teinte dorée.

Frittata

Frittata
4-5 portions

2 œufs battus
2 blancs battus
1 échalote hachée
1 gousse d'ail
1/4 poivron rouge en dés
1/4 poivron orange en dés
1/4 poivron vert en dés

20 g de brocoli
20 g de chou-fleur
1 c. à soupe de persil haché (facultatif)
Sel et poivre fraîchement moulu
Pincée de curcuma (facultatif)
Fromage mozzarella râpé

Battre les œufs. Couper tous les légumes en petits morceaux et les incorporer au mélange. Assaisonner. Cuire une dizaine de minutes dans un poêlon antiadhésif. Terminer la cuisson au four à 375 °F (190 °C) pour faire fondre le fromage râpé. Couper en quartiers et servir accompagné d'une salade verte et de pain à grains entiers ou de craquelins norvégiens à la farine de seigle.

Pâté crémeux
aux poireaux et proscuitto

Pâté aux épinards
et feta grecque

Pâté aux épinards et feta grecque
6 portions

170 g (6 oz) d'épinards
1 gousse d'ail
2 oignons perlés
4 c. à soupe de persil haché
3/4 tasse de fromage feta
1/4 tasse de crème
Huile d'olive extra vierge
Une pincée de muscade
Poivre noir moulu
7 à 6 c. à soupe de beurre fondu non salé
8 à 10 feuilles de pâte phyllo

Blanchir les épinards, les passer sous l'eau froide et les éponger pour enlever l'excédent d'eau. Les hacher grossièrement. Faire revenir l'ail émincé dans l'huile avec les oignons hachés à feu moyen quelques minutes. Incorporer le persil. Brasser. Retirer du feu. Saupoudrer de muscade et mélanger. Réserver dans un bol.

Travailler la pâte phyllo rapidement en prenant soin de recouvrir les feuilles d'un linge humide. Déposer le fromage feta et le mélange d'épinards sur les feuilles badigeonnées de beurre, en laissant une bordure d'un pouce de chaque côté. Rouler en procédant rapidement et avec précaution car la pâte phyllo est très fragile; ajouter du beurre si nécessaire. Faire 3 incisions sur le dessus du rouleau. Déposer la bordure du rouleau à plat sur une plaque à biscuits. Cuire au four préchauffé à 375 °F (190 °C) environ 35 à 40 minutes ou jusqu'à ce que le pâté soit d'une belle teinte dorée. Couper en tranches. Servir chaud ou tiède.

Quiche aux poireaux
et fromage de chèvre

Quiche aux poireaux et fromage de chèvre
2 portions

garniture

450 g de poireaux (2 ou 3)
2 gros œufs battus
250 ml de crème ou de lait
Tomates cerises (pour la décoration)
Huile d'olive

Pâte à tarte au fromage

250 g de farine entière biologique
125 g de beurre mi-salé
1 œuf
6 c. à soupe de parmesan râpé
Sel et poivre
2 à 3 c. à soupe d'eau glacée

Quiche aux poireaux
et fromage de chèvre

Faire revenir les poireaux 2 minutes dans l'huile d'olive. Les ajouter au mélange de lait et d'œufs battus. Assaisonner. Réserver. Pour la pâte, mélanger les ingrédients sèches. Former un puits et verser au centre l'œuf battu, le beurre coupé en morceaux et une pincée de sel. Incorporer le beurre en frottant du bout des doigts. Battre le jaune d'œuf avec 2 c. à soupe d'eau glacée pour former une pâte, en ajoutant de l'eau froide au besoin. Former une boule. Envelopper de pellicule plastique et réfrigérer 30 minutes. Sortir la pâte 15 minutes avant de l'abaisser. Pétrir sur une surface de travail enfarinée. Abaisser la pâte. La déposer dans le moule. Presser contre les bords et couper l'excédent. Piquer l'abaisse à la fourchette et recouvrir d'haricots secs. Cuire 10 à 12 minutes. La croûte doit refroidir avant qu'on y dépose la garniture. Cuire au four à 350 °F (175 °C) 20 à 35 minutes ou jusqu'à ce que le centre soit bien pris. Selon la grandeur des moules, le temps de cuisson pourrait varier.

Pâté aux épinards
et feta grecque

Quiche au parmesan

et tomates séchées

Quiche au parmesan et tomates séchées
4-5 portions

Pâte Voir recette précédente
pour la préparation de la pâte.

250 g (1 1/4 tasse) de farine de blé entier

200 g (7 oz) de beurre non salé

1/2 c. à thé de sel

5 ml (1/3 tasse) d'eau glacée

Tremper les tomates séchées dans l'eau 30 minutes. Couper les gousses d'ail en tranches fines et les faire griller légèrement. Réserver. Lorsque la croûte a refroidi, battre les œufs et ajouter le lait et la crème. Incorporer les tomates, l'ail et le parmesan. Assaisonner.

Garniture

2 gousses d'ail

50 g de parmesan râpé

40 g (1/2 tasse) de tomates séchées

1 tasse de lait

2 gros œufs

Huile d'olive

Sel et poivre au curcuma

Remarque
Procéder de la même façon que pour la pâte enrichie de soya.

Quiche au basilic

et fromage suisse

Quiche au basilic et fromage suisse
4-6 portions

Pâte enrichie au soya

200 g (1 tasse) de farine de kamut

50 g (1/4 tasse) de farine de soya

4 c. à soupe de graines de lin moulues

200 g (7 oz) de beurre non salé

1/2 c. à thé de sel

5 ml (1/3 tasse) d'eau glacée

Garniture

150 g (1 tasse) de fromage suisse râpé

12 feuilles de basilic

6 petits oignons perlés

1/2 tasse de lait

1/2 tasse de crème 15 %

2 gros œufs

Huile d'olive

Sel et poivre au curcuma

Mélanger les ingrédients sèches. Incorporer le beurre en frottant du bout des doigts. Pétrir très brièvement en incorporant l'eau glacée. Rouler en boule et recouvrir d'une pellicule plastique. Réfrigérer 30 minutes à 1 heure. Sortir la pâte 15 minutes avant de l'abaisser. Pétrir sur une surface de travail enfarinée. Abaisser la pâte. La déposer dans le moule. Presser contre les bords et couper l'excédent. Piquer l'abaisse à la fourchette et recouvrir d'haricots secs.

Couper les petits oignons en quartiers et les faire revenir dans l'huile. Réserver. Lorsque la croûte a refroidi, battre les œufs et ajouter le lait et la crème. Incorporer les oignons, le basilic et le fromage. Assaisonner.

Cuire 10 à 12 minutes. La croûte doit refroidir avant qu'on y dépose la garniture. Cuire la quiche au four à 350 °F (175 °C) 30 à 35 minutes ou jusqu'à ce que le centre soit bien pris.

Quiche au parmesan et tomates séchées

Divers

Sandwich d'algues
garnis Temaki-sushis

Sandwich d'algues garnis Temaki-sushis
2 portions

1 tasse de riz à sushi (voir recette de base)	
2 feuilles de nori	
4 à 6 crevettes cuites	
100 g de poisson blanc mariné (perche, thon)	
Crudités	
Bébés laitues, germinations	
Graines de sésame grillées	
Poudre de wasabi	

Faire mariner une portion de poisson et la cuire. Faire griller un côté des algues nori sur une plaque antiadhésive. Former des cornets en coupant les algues en deux. Mélanger les graines de sésame préalablement grillées à sec avec le riz à sushi. Badigeonner les algues avec le mélange wasabi fait avec de l'eau, si désiré. Hacher les légumes finement. Humecter une main et prendre un peu de riz, de poisson et de légumes et farcir les cornets en pressant légèrement. Garnir de crudités et de laitue. Pour coller les cornets et refermer l'angle formé, humidifier l'algue en appuyant doucement. Servir immédiatement.

Pizza-sushi
végé

Pizza-sushi végé
2 portions

Mélange à pâte tempura	
Riz à sushi au thé vert	
1 jaune d'œuf	
Chou chinois	
1/4 c. à thé d'ail	
1 oignon vert	
Huile d'arachide bio	

Garniture

3 c. à soupe de cubes de tofu ferme	
Raifort	
1 carotte	
Concombre	
1/2 c. à thé de zeste de lime	
1/2 c. à thé de jus de lime	
Sauce soya	
Huile de sésame	
Graines de sésame grillées	

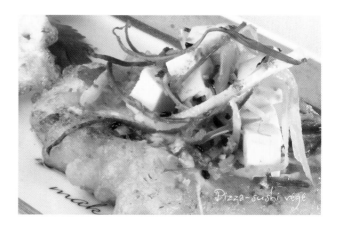

Pizza-sushi végé

Dans un bol en verre ou en inox, râper du zeste de lime. Couper les légumes crus en julienne. Arroser de sauce soya, de jus de lime et d'un peu d'huile de sésame. Réserver. Utiliser la recette de base pour faire le riz à sushi, en remplaçant une tasse d'eau par une tasse de thé vert. Émincer 1 feuille de chou chinois très finement; hacher l'oignon vert et l'ail. Battre le jaune d'œuf. Faire le mélange de pâte tempura en ajoutant de l'eau, selon les indications du fabricant.

Dans un autre bol, mélanger tous les ingrédients. Incorporer suffisamment de riz à sushi pour façonner 2 belles galettes. Les rouler dans la pâte tempura et le jaune d'œuf battu. Frire de chaque côté dans un poêlon antiadhésif ou cuire à la friteuse. Au moment de servir, déposer la garniture à la cuillère. Accompagner d'une salade verte ou de germinations et d'un œuf au miroir, pour un apport supplémentaire en protéines.

Sandwichs d'algues
garnis Temaki-sushis

Pizza-sushi végé

Sandwich
Spa méditerranéen

Sandwich SPeA méditerranéen
par personne

70 g (1/3 tasse) de chair de maquereau cuit	Sel et poivre
1 c. à thé d'échalote grise hachée	Tomates cerises
1 partie de mayonnaise maison à l'huile d'olive	Concombre
1 partie de crème sûre	Zeste de citron (facultatif)
Basilic haché	Pain pumpernickel
Pincée de thym frais	Sel de mer
1/4 c. à thé de jus de citron	Pincée de poivre de Cayenne
Huile d'olive extra vierge	

Chauffer un poêlon et verser un filet d'huile d'olive pour faire suer l'échalote. Refroidir. Verser dans un bol le poisson cuit avec l'échalote, la crème, le basilic finement haché et le jus de citron. Bien mélanger. Assaisonner. Trancher le concombre à la mandoline et couper les tomates cerises en tranches. Napper la tranche de pain de pâté et superposer les légumes. Servir avec du thé vert au citron ou de l'eau minérale.

Remarque

Le pain Pumpernickel est originalement fabriqué en Westphalie, une région du nord de l'Allemagne. Il est fait de seigle ou de gruau de seigle et ne contient aucun agent de conservation. Il a un indice glycémique très acceptable.

Sandwich
surprise aux fraises

Sandwich surprise aux fraises
6-8 portions

1 grosse miche de pain de blé entier
Fromage de chèvre crémeux
Ciboulette hachée
Sel et poivre noir
Fraises

Sandwich surprise aux fraises

Couper le dessus du pain et conserver cette croûte dont on se servira plus tard comme capuchon. Couper à la verticale un cylindre de mie. Dégager en coupant tout près du fond. Trancher ce morceau en 2 ou 3 tranches d'environ 4 cm d'épaisseur, selon la grosseur de votre pain, puis en pointes régulières. Mélanger la ciboulette ciselée avec le fromage. Tartiner le pain de ce mélange et déposer de fines tranches de fraises. Reformer le pain en disposant les sandwichs à l'intérieur. Refermer tel un coffre...

Remarque

Vous pouvez couper le fond et découper la mie de façon circulaire et replacer le fond avec des cure-dents. Emballez le pain avec du ruban pour maintenir le tout.

Sandwich SPeA
méditerranéen

Tortillas garnis
au poulet

Tortillas garnis au poulet
par personne

Un pain tortilla souple au blé entier

Guacamole ou salsa

1 portion de poulet cuit (ou dinde)

Laitue

Poivrons de couleur

50 g de fromage cheddar

Brins de coriandre

Sandwichs
tacos au poisson

Sandwichs tacos végétariens
2 portions

2 tacos de maïs

1/2 avocat Hass mûr

100 g à 125 g de poisson gras (gravlax, truite fumée)

Maïs en grains (facultatif)

Laitue arugula

Fromage râpé (mozzarella, cheddar)

Pâte d'haricots épicée :

175 g (1 tasse) d'haricots blancs cuits

Jus de lime

Guacamole
classique

Guacamole classique
4-6 portions

2 avocats Hass mûrs

2 grosses tomates

1 à 2 c. à soupe de sauce tomate (facultatif)

1 gousse d'ail

2 oignons verts

Préchauffer le four à 350 °F (190 °C). Râper le fromage et le faire fondre doucement à feu moyen-doux. Couper la volaille en lanières. Trancher des bâtonnets de poivron. Cuire les tortillas environ 5 minutes. Garnir toute la surface du pain avec la laitue. Étaler une bonne cuillère de guacamole ou de salsa au centre du pain. Déposer les lanières de poulet et garnir de légumes, de fromage fondu et de brins de coriandre. Plier le pain.

Suggestions

Pour réaliser des sandwichs roulés style wrap, utiliser une petite natte de bambou à sushis pour vous aider. Envelopper chaque rouleau dans une pellicule plastique et réfrigérer.

2 c. à soupe d'huile d'olive extra vierge (ou de canola bio)

1/2 c. à thé d'ail émincé

1 rondelle d'oignon

2 c. à soupe de persil haché

1 c. à soupe de coriandre

1/2 c. à soupe de piment jalapeno (ou plus)

Pincée de cumin et de cannelle

1 c. à thé de cacao pur (facultatif)

Sel et poivre

Pincée de curcuma

Mélanger tous les ingrédients de la purée dans un robot culinaire. Verser un peu d'eau ou de jus de lime au besoin. Ajuster la quantité de piment jalapeno selon les préférences. Couper le poisson en quartiers (sans la peau). Réchauffer les tacos au four quelques minutes. Garnir d'une cuillère de pâte d'haricots chaude. Recouvrir d'une cuillère de fromage râpé au goût. Terminer avec le reste des garnitures. Conserver la purée d'haricots dans un contenant hermétique au réfrigérateur.

Brins de coriandre (facultatif)

2 c. à soupe de jus de lime ou de citron

Sauce Tabasco (facultatif)

2 c. à soupe d'huile d'olive extra vierge

Émincer les oignons verts. Enlever le germe de la gousse d'ail et l'émincer très finement ou utiliser un presse-ail. Épépiner les tomates, si désiré, et les couper en dés. Piler la chair des avocats à la fourchette ou au robot culinaire, en ajoutant le jus de citron et de l'huile. Incorporer les tomates, la sauce tomate et les oignons verts. Bien mélanger. Rectifier l'assaisonnement en ajoutant du sel de mer et quelques gouttes de Tabasco, pour une saveur plus relevée, au goût. Servir avec des croustilles de maïs ou comme garniture dans des sandwichs. Conserver au froid dans un contenant hermétique.

guacamole
classique

Tortillas garnis
au poulet

Sandwichs
tacos au poisson

Trempette
au fromage cottage

Trempette au fromage cottage
4 portions

1 1/2 tasse de fromage cottage

1/4 tasse de yogourt faible en gras

Poudre de chili ou sauce de piment chili mexicaine

2 c. à soupe d'oignons hachés

Huile d'olive de première pression

Pincée de thym

Brins de persil

Sel de mer fin

Zeste de lime haché

Faire sauter l'oignon quelques minutes dans l'huile. Mélanger tous les ingrédients manuellement ou au robot culinaire, pour une consistance plus crémeuse. Rectifier l'assaisonnement. Conserver dans un contenant hermétique au réfrigérateur.

Salsa
à la mangue

Salsa à la mangue
4 portions

1 mangue bien mûre

1 tomatillo

1 à 2 c. à soupe d'oignons rouges

1/2 poivron rouge

1 c. à thé d'huile d'olive

2 c. à soupe de jus de lime

1 c. à soupe de sauce tomate

1 c. à thé de piment jalapeno haché fin

Brins de coriandre

Brins de basilic ou de menthe fraîche

Sel et poivre

Pincée de curcuma

Couper la mangue, le poivron et le tomatillo en dés et les transférer dans un saladier. Verser l'huile avec le jus de lime, la sauce tomate et le piment jalapeno. Mélanger. Hacher les herbes finement et les incorporer au dernier moment. Assaisonner. Conserver au réfrigérateur dans un contenant hermétique.

Salsa
aux tomatillos

Salsa aux tomatillos
4 portions

4 tomatillos rouges

1 c. à soupe d'oignons rouges

Brins de coriandre

1 c. à thé de piment jalapeno

Jus de lime

Huile canola bio

Sel et poivre au curcuma

Pratiquer une incision en forme de croix à la base des tomatillos. Les mettre dans l'eau bouillante 5 minutes. Les refroidir. Enlever la peau et couper la chair en dés; déposer dans un saladier. Hacher la coriandre finement ainsi qu'un morceau de piment jalapeno. Ajouter aux tomatillos avec les épices. Arroser de jus de lime, au goût, et d'un filet d'huile. Assaisonner.

Suggestions
Utiliser comme hors-d'œuvre, pour farcir des céleris, ou encore, pour garnir des poivrons de couleur coupés en deux. Napper sur des craquelins auxquels on ajoutera en garniture de petites crevettes ou de la truite fumée ou du saumon.

Trempette
au fromage cottage

Salsa
aux tomatillos

Salsa
à la mangue

Végé-burger
au curcuma

Végé-burgers au curcuma
4 portions

1 tasse de pois chiches

1 tasse d'haricots blancs

1/4 tasse de graines de tournesol et de citrouille

2 c. à soupe de graines de lin moulues

1 gousse d'ail

1 oignon perlé

2 c. à soupe de persil

Burger
de poisson citronné piquant

Burgers de poisson citronné piquant
4 portions

500 g (1lb) de poisson gras (goberge, sébaste, saumon)

1 échalote grise

1 œuf battu

60 ml de chapelure de kamut fine

Piment chili rouge émincé (au goût)

1 c. à thé de zeste de citron

Burger
dinde et canneberges

Burgers dinde et canneberges
4 portions

600 g (1 1/4 lb) de dinde

1 oignon perlé

1 c. à soupe de fleurs d'ail

4 c. à thé de canneberges séchées

8 noix de pacane

1/2 c. à thé de jus de citron

1 œuf

6 c. à soupe de chapelure de kamut

1 c. à soupe de graines de lin moulues

1 c. à thé de coriandre

1 c. à soupe de menthe

1 c. à thé de cumin

1 c. à thé de curcuma

Poivre noir

Pincée de poivre de Cayenne

Semoule de blé fine

Faire revenir l'oignon et l'ail émincés quelques minutes dans l'huile. Mélanger au robot culinaire tous les ingrédients et réduire en purée. Assaisonner. Séparer en portions et former des burgers. Réfrigérer 30 minutes. Enrober de semoule, si désiré. Chauffer un peu d'huile d'olive dans un poêlon cannelé et cuire les végé-burgers 4 à 5 minutes de chaque côté. Servir dans des pains à hamburger de blé entier avec de la laitue, des lanières de légumes frais et votre mayonnaise préférée.

1 c. à soupe de persil haché

1 c. à soupe de coriandre hachée

1 c. à thé de ciboulette

Huile d'olive de première pression

Sel

Semoule de maïs fine

Frotter le pain de kamut ou de grains entiers à l'aide d'un tamis en métal afin d'obtenir une chapelure fine. Faire revenir l'échalote grise émincée quelques minutes dans l'huile. Hacher le poisson. Mélanger tous les ingrédients. Assaisonner. Séparer en 4 portions et former des burgers. Réfrigérer 30 minutes. Enrober de semoule si désiré. Chauffer un peu d'huile d'olive dans un poêlon cannelé et cuire les burgers de poisson 3 à 4 minutes de chaque côté. Servir dans des pains à hamburger de blé entier avec de la laitue, des tranches d'agrumes ou de fromage et napper de votre sauce préférée.

Semoule de maïs fine

Brins de romarin et sarriette

Huile d'olive extra vierge

Frotter le pain de kamut ou de grains entiers à l'aide d'un tamis en métal afin d'obtenir une chapelure fine. Griller les pacanes à sec. Les hacher grossièrement. Faire revenir l'échalote grise émincée quelques minutes dans l'huile avec du romarin. Hacher la dinde. Mélanger tous les ingrédients. Assaisonner. Séparer en 4 portions et former des burgers. Enrober de semoule, si désiré. Réfrigérer 30 minutes. Chauffer un peu d'huile d'olive dans un poêlon cannelé en aromatisant avec du romarin et de la sarriette. Cuire les burgers de dinde 3 à 4 minutes de chaque côté. Servir dans des pains à hamburger de blé entier avec de la laitue, des tranches d'agrumes et votre condiment préféré.

Végé-burgers au curcuma

Burgers dinde et canneberges

Burgers de poisson citronné piquant

Club sandwich
végétarien au tofu aigre-piquant

Club sandwich végétarien au tofu aigre-piquant
5-6 portions

Pain de grains entiers

1 bloc de tofu ferme

Huile de canola bio

2 oignons verts

Sauce Hoisin ou Worcestershire

Chutney aux herbes

1 mangue

1 petit navet

2 gousses d'ail

1 oignon

Bouquet de menthe

Bouquet de coriandre

Brins de persil

2 c. à soupe d'huile d'olive extra vierge

Eau filtrée

1 c. à soupe de jus de citron

1 c. à thé de poudre de cari

Sel et poivre au curcuma

Noix de coco râpée non sucrée

Beurre d'amande épicé

2 c. à soupe de beurre d'amande sans sucre

1/4 c. à thé de pâte de chili (Sambal Oelek)
ou gouttes de Tabasco

Brin de persil frais haché

Garniture

Légumes du jardin (laitue, concombre, radis)

Couper le bloc de tofu en tranches minces. Les éponger. Trancher les oignons verts et les faire suer dans l'huile de canola. Ajouter les tranches de tofu. Dorer des deux côtés. Arroser de quelques gouttes de sauce Hoisin ou Worcestershire. Tiédir.

Pour le chutney : Couper le navet en rondelles et les plonger dans l'eau bouillante 5 minutes ou jusqu'à ce qu'il soit tendre. Émincer. Couper la mangue en petits cubes, émincer l'oignon, les herbes et l'ail puis déposer dans un robot culinaire. Incorporer la noix de coco, le navet, le jus de citron et l'huile. Réduire en purée. Ajouter de l'eau selon la consistance. Assaisonner.

Pour le beurre d'amande épicé : Mélanger tous les ingrédients jusqu'à consistance homogène.

Faire le montage du sandwich par étage. Napper les tranches de pain de beurre d'amande épicé et déposer des tranches de tofu grillé aux oignons verts et une cuillère de chutney. Garnir avec des légumes frais tranchés. Faire tenir le sandwich à l'aide de cure-dents, tel le club sandwich classique.

Suggestions

Suggestion : Remplacez le beurre d'amande par du beurre d'arachide. Pour une version méditerranéenne, faites une purée aux tomates séchées et à l'ail à la place du beurre d'amande; faites sauter le tofu dans l'huile d'olive aromatisée d'un mélange de basilic et de romarin ou d'origan et garnissez avec de la roquette et du parmesan.

Pour un chutney riche en lycopènes : Remplacez la mangue par une grosse tomate, de la sauce tomate et de l'huile d'olive et remplacez la noix de coco par des noix de pin; la menthe par du basilic frais.

Club sandwich végétarien
au tofu aigre-piquant

Mini pizzas
garnies aux tomates

Mini pizzas garnies aux tomates
par personne

Pâte à pizza

300 g (2 tasses) de farine tout usage
(et un peu plus pour la surface de travail)

1/2 c. à thé de sel

1/4 c. à thé de sucre

15 g (1/2 oz) de levure de boulangerie

60 ml (1/4 tasse) de lait tiède

2 c. à soupe d'huile d'olive

Garniture

10 à 15 tomates cerises

6 à 8 oignons perlés rouges

4 à 6 gousses d'ail

1 c. à thé de pâte d'anchois (facultatif)

2 c. à soupe d'huile d'olive extra vierge

1 poignée d'olives noires Kalamata

Herbes fraîches au choix (romarin, estragon
Basilic, origan)

Sel et poivre

Tamiser les ingrédients secs dans un bol. Créer un puits au centre. Verser la levure dans une tasse et y ajouter 2 c. à soupe d'eau filtrée tiède. Mélanger pour dissoudre complètement. La verser dans le puits. Pétrir. Ajouter l'huile d'olive et continuer à pétrir jusqu'à ce que toute l'huile soit absorbée. Mettre dans un bol et recouvrir d'un linge ou d'une pellicule plastique et laisser gonfler pendant 2 à 3 heures. Pour ce faire, placer le bol dans un endroit chaud.

Préparer la garniture. Dénoyauter les olives et les couper en morceaux. Couper les oignons, l'ail et les olives en tranches minces; effeuiller les herbes. Dans un saladier, mettre tous les ingrédients et verser de l'huile d'olive. Remuer pour bien enrober. Assaisonner et garder au froid. Lorsque la pâte est bien gonflée, la diviser en 4 ou 6 portions. Étaler la pâte sur une plaque à biscuits. La travailler en pressant à partir du milieu vers le bord pour former un carré.

Étaler la garniture sur la pâte à pizza et cuire au four préchauffé à 400 ºF (200 ºC) jusqu'à ce que la pâte soit dorée. Pour une pâte plus mince, utiliser la moitié de la recette et congeler le reste.

Suggestions

Doubler la recette et congeler votre pâte. Pour des hors-d'œuvre, faire de plus petits carrés ou les couper une fois la pizza cuite. Préparer la garniture la veille et la conserver au réfrigérateur en vue d'une réception prévue pour le lendemain. La pâte commerciale congelée est une solution de rechange des plus pratiques.

Mini pizzas garnies
aux tomates

Rouleaux
à la truite et aux légumes

Rouleaux à la truite et aux légumes
4-6 portions

Feuilles de pâte pour rouleaux de printemps
(feuilles brick)

Vermicelles de riz fins

75 g de filet de truite cuit

2 champignons shiitake séchés (ou frais)

1 petite carotte

1 oignon vert

1 gousse d'ail hachée

Fèves germées (facultatif)

2 c. à soupe de pousses de bambou hachées

Feuilles de menthe (facultatif)

1 c. à thé de sauce de poisson

Trait de vin chinois ou de xérès sec

1 c. à thé de miel

1/2 c. à thé d'huile de sésame

Huile végétale pour la friture

Tremper les vermicelles de riz et les champignons dans l'eau chaude (dans deux bols différents). Les égoutter. Dans un faitout rempli d'eau bouillante, cuire les vermicelles 2 à 3 minutes. Égoutter, rincer sous l'eau froide et éponger. Transférer dans un saladier. Éponger aussi les champignons, couper les tiges et les détailler finement. Râper la carotte en julienne, hacher la menthe, l'oignon vert et les pousses de bambou. Dans un bol, mélanger le miel avec la sauce de poisson et l'huile de sésame. Faire sauter les légumes (sauf la menthe) dans l'huile 2 minutes et verser un trait de vin de cuisson chinois. Tiédir. Couper le poisson en cubes. Incorporer tous les ingrédients aux vermicelles. Arroser de sauce. Remuer.

Préparer les rouleaux. Pour garnir, humecter les bords et déposer le mélange de légumes et des cubes de truite. Replier les bords vers le milieu et enrouler. Souder les bords en pressant. Frire en 2 fois pendant 6 à 8 minutes dans l'huile, mais pas trop chaude. Égoutter sur du papier essuie-tout. Servir avec la sauce d'accompagnement (voir ci-dessous).

Sauce d'accompagnement

1 gousse d'ail hachée

1/8 c. à thé de piment rouge haché fin

1 c. à soupe d'huile de pépins de raisin bio

1 c. à soupe de beurre d'arachide (ou d'amande)

1 c. à soupe de jus de citron

1 c. à soupe de sauce de poisson (ou soya)

1 c. à thé de miel (au goût)

Bouillon de légumes
ou infusion de thé vert Bancha ou Sencha

Mélanger tous les ingrédients au robot culinaire ou au fouet. Ajuster la quantité de piment et l'onctuosité de la sauce en additionnant plus de bouillon de légumes ou de thé vert.

Suggestions

Mettre du lait de coco crémeux dans la sauce en remplacement du beurre d'amande. Les galettes de riz séchées que l'on doit humecter, conviennent également à la préparation des rouleaux frits ou crus.

Rouleaux à la truite
et aux légumes

Falafels

Falafels
4-6 portions

200 g de pois chiches cuits

50 g de fèves de soya cuites

3 c. à soupe de menthe ciselée

Brins de persil plat

Brins de coriandre

1 échalote française

2 gousses d'ail

1 c. à thé de coriandre moulue

1/2 c. à thé de cumin

Pincée de poivre de Cayenne

1 c. à thé de poudre à pâte

1 c. à thé de farine de kamut ou de blé entier

50 g (environ 1/2 tasse) de chapelure fine

Huile végétale pour la friture

Sel et poivre fraîchement moulu

Pitas garnis
au caviar d'aubergine

Pitas garnis au caviar d'aubergine
4-5 portions

1 tasse d'aubergine cuite

1 petite gousse d'ail pilée

Jus de citron

1 c. à soupe de beurre de sésame (tahini)

Humus
aux haricots de soya

Humus aux haricots de soya
6-8 portions

350 g (2 tasses) d'haricots de soya cuits

10 c. à soupe (125 g) de yogourt nature faible en gras

2 gousses d'ail

2 c. à soupe de persil ciselé

3 c. à soupe de jus de citron

Sauce

Beurre de sésame

Jus de citron

Yogourt nature

Huile d'olive

Sel de mer moulu

Égoutter et rincer les légumineuses sous l'eau froide. Mélanger au robot culinaire en ajoutant les herbes ciselées, l'ail pressé et l'échalote hachée. Ajouter à cette purée les épices, la poudre à pâte, la farine et la chapelure. Assaisonner. Chauffer l'huile ou la friteuse. À l'aide d'une cuillère, former des boulettes de la grosseur d'une noix de Grenoble. Cuire 1 à 2 minutes. Égoutter et laisser quelques minutes sur du papier absorbant.

Préparer la sauce d'accompagnement. Mélanger une partie de beurre de sésame avec une partie de yogourt. Ajouter du jus de citron, une pincée de sel de mer et un filet d'huile. Goûter. Ajuster les quantités selon les préférences. Servir.

Pincée de cumin

1 c. à soupe de graines de lin moulues

2 c. à soupe d'huile d'olive extra vierge

4 c. à soupe de persil frais ciselé

Couper l'aubergine en deux et la piquer à la fourchette. Disposer les morceaux sur une plaque recouverte de papier parchemin et cuire environ 30 à 45 minutes au four préchauffé à 400 °F (200 °C). Détacher la chair à la cuillère et transférer dans un robot culinaire en ajoutant tous les ingrédients sauf le beurre de sésame, à incorporer par petites quantités à la fois (1 c. à thé). Goûter et ajuster la quantité de jus de citron ou de beurre de sésame au goût et mélanger pour obtenir une texture homogène. Assaisonner. Conserver au réfrigérateur dans un contenant hermétique. Servir en garniture avec des pains pita ou comme trempette pour accompagner des crudités.

3 c. à soupe de beurre de sésame

2 c. à soupe d'huile d'olive extra vierge

Sel et poivre

Cumin

Paprika

Enlever le germe des gousses d'ail et les écraser avec le plat d'un couteau. Rincer les haricots sous l'eau froide. Mélanger tous les ingrédients dans un robot culinaire et réduire en une purée homogène. Rectifier l'assaisonnement. En farcir des pains pita. Réfrigérer dans un contenant hermétique.

Falafels
Pitas garnis au caviar d'aubergine
Humus aux haricots de soya

Trempette
tomate et poivron rôti

Trempette tomate et poivron rôti
4 portions

1 poivron rouge rôti

6 demi tomates séchées

1/2 c. à thé d'ail pilée (1 petite gousse)

1 c. à thé de graines de lin moulues

4 c. à soupe de crème sûre

Suggestions

Vous pouvez utiliser des poivrons en bocaux vendus à l'épicerie. Épongez-les avant de les mélanger au robot culinaire. Utilisez du fromage faible en gras ou variez avec du fromage cottage à 2 % de matières grasses.

Persil frais haché (facultatif)

1 c. à thé de jus de citron

1 c. à soupe d'huile d'olive extra vierge

Poivre au curcuma

Sel

Griller le poivron sous le gril 4 à 5 minutes. Tiédir et peler. Ramollir les tomates séchées dans l'eau chaude ou utiliser celles conservées dans l'huile. Mélanger au robot culinaire les légumes, l'ail, les graines de lin et le poivre au curcuma. Verser un filet d'huile et ajouter le jus de citron. Garder au froid jusqu'au moment de servir.

Trempette
au chocolat épicé

Trempette au chocolat épicé
4 portions

1 c. à thé de cacao pur en poudre (Valrhona)

1 c. à soupe de beurre d'arachide

175 g de tofu

Suggestions

Moudre des graines de tournesol, de citrouille avec de l'huile bio (de tournesol ou de noisette) en remplacement du beurre d'arachide. D'autres beurres de noix feraient aussi une bonne trempette.

1 c. à thé de miel (facultatif)

1/4 à 1/2 c. à thé de pâte de piment chili
ou quelques gouttes de Tabasco

Cannelle en poudre

Cumin en poudre

Mélanger tous les ingrédients dans un robot culinaire. Goûter et assaisonner au goût. Réfrigérer dans un contenant hermétique.

Trempette
épinard et cresson

Trempette épinards cresson
6 portions

175 g de tofu soyeux

1/2 tasse de cresson haché

1/2 tasse de bébés épinards hachés

1 c. à thé d'échalote grise hachée

1 c. à soupe de jus de citron

1 c. à soupe de sauce soya légère

1/2 c. à thé de gingembre râpé (facultatif)

1 c. à soupe d'huile d'olive extra vierge

Sel et poivre

Faire suer les légumes quelques minutes dans l'huile si désiré. Mélanger tous les ingrédients dans un robot culinaire. Goûter et assaisonner au goût. Réfrigérer dans un contenant hermétique. Saupoudrer de curcuma au moment de servir.

Suggestions

Si vous préférez une sauce plus épaisse, utilisez le tofu soyeux avec une moitié de tofu ferme. Vous pouvez aussi utiliser du yogourt ou de la crème sûre. Omettre la sauce soya et le gingembre et remplacer par 1 c. à thé de moutarde de Dijon additionnée d'un filet d'anchois et de quelques câpres.

Trempette au chocolat épicé

Trempette épinards cresson

Trempette tomate et poivron rôti

Trempette
citron menthe

Trempette citron menthe
6 portions

| 175 g (1 tasse) d'haricots blancs cuits |
| 5 c. à soupe de crème sûre faible en gras (facultatif) ou de yogourt faible en gras |
| 1 bouquet de feuilles de menthe |
| 2 c. à soupe de jus de citron |
| 4 c. à soupe d'huile d'olive extra vierge |
| Sel et poivre |

Rincer les haricots sous l'eau froide. Mélanger tous les ingrédients dans un robot culinaire et réduire en purée homogène. Ajouter plus de crème sûre ou de yogourt selon la consistance désirée. Rectifier l'assaisonnement. Conserver au froid dans un contenant hermétique.

Suggestions

On peut utiliser d'autres types d'haricots, comme des fèves rouges ou noires qui sont délicieuses et apportent de surcroît de la couleur sur votre table. Garnir le contenant d'un brin d'herbe fraîche ou saupoudrer de paprika.

Trempette
japonaise au wasabi

Trempette japonaise au wasabi
4 portions

| 150 g de tofu soyeux |
| 2 c. à soupe de mayonnaise |
| 2 c. à soupe de yogourt nature |
| 1 c. à thé de wasabi en poudre |
| 1 c. à thé de jus de lime |
| 2 c. à soupe de persil frais haché |
| Sel de mer |

Mélanger tous les ingrédients au robot culinaire. Ajuster la quantité de wasabi au goût. Servir avec des algues fines hijiki en garniture ou du raifort râpé.

Trempette citron menthe

Trempette japonaise au wasabi

Croustilles
à l'huile d'olive et curcuma

Croustilles à l'huile d'olive et curcuma
2 portions

Pommes de terre Idaho

Huile d'olive extra vierge

Curcuma

Poivre noir moulu

Sel de mer fin

Préchauffer le four à 350 °F (175 °C). Mélanger de l'huile d'olive avec du curcuma et du poivre noir moulu dans un petit bol en verre. Réserver. Trancher les pommes de terre à la mandoline. Assécher avec du papier essuie-tout. Recouvrir une plaque à biscuits de papier parchemin et la badigeonner avec le mélange d'huile. Disposer les tranches de pomme de terre en rangs bien serrés. Badigeonner à l'aide d'un pinceau chaque tranche. Enfourner. Cuire 30 à 40 minutes jusqu'à ce qu'elles soient bien dorées. Vérifier de temps à autre. Faire une rotation de la plaque à biscuits à mi-cuisson. Saler les croustilles quand elles sont encore chaudes. Laisser refroidir. Servir.

Pop corn
au beurre de curcuma et poivre noir

Pop-corn au beurre de curcuma
et poivre noir ou de Cayenne, 2 portions

1/2 tasse de maïs à éclater

3 c. à soupe de beurre salé

1 c. à thé de curcuma

Poivre fraîchement moulu

Poivre de Cayenne (ou chili en poudre)

1 c. à soupe de beurre clarifié

Jus de citron

Sel de mer fin

Faire fondre trois cuillères de beurre dans une petite casserole et saupoudrer de curcuma, de poivre noir fraîchement moulu et d'une pincée de poivre de Cayenne (au goût). Réserver. Utiliser un éclateur de maïs ou chauffer un grand faitout sur la cuisinière à feu moyen-fort. Tester en déposant quelques grains de maïs dans 1 cuillère à soupe d'huile résistante à la chaleur ou de beurre clarifié. Quand les grains éclatent, ajouter alors toute la quantité de maïs. Cuire avec le couvercle en remuant le faitout de temps en temps, jusqu'à ce que l'éclatement ralentisse, soit entre 7 à 9 minutes. Retirer du feu et laisser encore le couvercle pendant 2 minutes. Transférer dans un bol et verser 2 à 3 cuillère de beurre fondu épicé en brassant. Saler au goût. Arroser de jus de citron. Servir.

Noix de cajou
à la cannelle et sirop d'érable

Noix de cajou à la cannelle et sirop d'érable
2 portions

100 g de noix de cajou non salées

1 blanc d'œuf

Cannelle

Clou de girofle

2 c. à thé de sirop d'érable

1/2 c. à thé d'huile de pépins de raisin

Faire griller les noix à sec quelques minutes. Dans un bol en verre, fouetter le blanc d'œuf légèrement. Incorporer les noix et le sirop d'érable. Mélanger. Saupoudrer généreusement de cannelle et d'une pincée de clou de girofle. Remettre sur le feu et rôtir 3 à 4 minutes ou faire cuire au four préchauffé à 350 °F (175 °C) sur une plaque à biscuits recouverte de papier parchemin.

Graines de tournesol
et de citrouille à la sauce tamari et 5 épices

Graines de tournesol et de citrouille
à la sauce tamari et 5 épices, 2 portions

1 tasse de graines de tournesol et de citrouille

2 c. à thé de sauce tamari

1 c. à thé d'huile d'olive (facultatif)

5 épices orientales

Griller les graines à sec dans un poêlon à feu moyen. Réduire l'intensité et verser de la sauce tamari. Remuer. Ajouter de l'huile d'olive, si désiré. Mélanger. Retirer du feu et saupoudrer de 5 épices orientales. Retirer du feu et laisser refroidir avant de servir. Conserver au frais dans un contenant hermétique ou dans des sacs de plastique pour des portions individuelles prêtes à emporter.

Arachides grillés
au curcuma

Arachides grillées au curcuma, 2 portions

100 g (1 tasse) d'arachides entières

1 c. à soupe d'huile de pépins de raisin

Curcuma

Cumin

Poivre noir fraîchement moulu

Piment d'Espelette ou sauce Tabasco

Sel de mer fin

Griller les arachides à sec dans un poêlon à feu moyen. Verser de l'huile de pépins de raisin, si désiré. Saupoudrer de curcuma et de poivre noir. Ajouter une bonne pincée de cumin et du piment d'Espelette ou de la sauce Tabasco, au goût. Remuer. Saler avec un bon sel de mer fin. Retirer du feu. Laisser refroidir avant de servir. Conserver dans un contenant hermétique ou dans des sacs de plastique pour des collations pratiques.

Snacks santé

Noix de pacane
et amandes au beurre épicé

Noix de pacane et amandes au beurre épicé
2 portions

50 g (1/2 tasse) de noix de pacane entières

50 g (1/2 tasse) d'amandes blanchies entières

50 g (1/4 tasse) de beurre mi-salé

1 c. à soupe d'huile d'olive

Pincée de curcuma

Pincée de cumin

Poivre noir moulu

Pincée de poivre de Cayenne

Sel de mer fin

Préchauffer le four à 300 ºF (150 ºC). Griller les noix à sec dans un poêlon. Ajouter le beurre avec toutes les épices. Remuer pour bien enrober. Transférer sur une plaque à biscuits recouverte de papier parchemin. Cuire une trentaine de minutes. Laisser refroidir avant de servir. Conserver au frais dans un contenant hermétique ou dans des sacs de plastique pour des en-cas.

Smoothie

Smoothie au sirop d'érable

par personne

50 g de bleuets

1/2 banane

30 ml de lait de soya

1 boule de lait de soya glacé à la vanille

1 c. à soupe de sirop d'érable

Glace pilée

Couper la banane. Mettre le lait de soya, les fruits et le sirop d'érable dans un mélangeur. Mélanger à petite vitesse pendant environ 30 secondes et, graduellement, augmenter la vitesse pendant 30 secondes à 1 minute. Ajouter le lait de soya glacé en dernier et continuer de mélanger jusqu'à consistance lisse. Servir avec de la glace pilée, au goût.

Smoothie aux canneberges

par personne

1 c. à soupe de canneberges congelées

1 c. à soupe de canneberges séchées

1 c. à soupe de jus d'orange concentré

1 pêche

125 g de tofu soyeux

Quelques gouttes d'extrait de vanille pure

Miel ou stevia

Couper la pêche. Mélanger les ingrédients à petite vitesse pendant environ 30 secondes et, graduellement, augmenter la vitesse pendant 30 secondes à 1 minute. Ajouter la vanille. Continuer de mélanger jusqu'à consistance lisse. Sucrer au goût et servir avec de la glace pilée.

Smoothie au thé vert

par personne

150 g de tofu soyeux ou de yogourt nature léger

1 tranche (2 cm d'épaisseur) de melon miel

15 raisins verts congelés

1 c. à thé de jus de citron ou de lime

1 sachet de thé Matcha (en poudre)

Mélanger les ingrédients à petite vitesse pendant environ 30 secondes. Augmenter graduellement la vitesse et continuer à mélanger jusqu'à consistance lisse. Ajouter de la glace pilée, si désiré.

Smoothie aux framboises et chocolat noir

par personne

15 framboises

1/2 c. à soupe de jus de framboise concentré

10 g de beurre d'amande

10 g de chocolat noir fondu

125 ml (1/2 tasse) de lait de soya au chocolat

Glace pilée

Mélanger les ingrédients à petite vitesse pendant environ 30 secondes et, graduellement, augmenter la vitesse pendant 30 secondes à 1 minute. Ajouter le lait de soya au chocolat en dernier et continuer de mélanger jusqu'à consistance lisse. Ajouter de la glace pilée et mélanger de nouveau 5 secondes.

Smoothie
aux framboises
et chocolat noir

Smoothie
au thé vert

Smoothie
aux canneberges

Smoothie au bleuet
et au sirop d'érable

Smoothie

Smoothie au café
par personne

1 tasse de café

2 boules de lait de soya glacé à la vanille

Glace pilée

Faire un café noir avec un bon mélange de café biologique. Mettre au réfrigérateur 1 heure. Mélanger le café froid et la glace à petite vitesse pendant environ 30 secondes et, graduellement, augmenter la vitesse pendant 30 secondes à 1 minute, jusqu'à consistance lisse. Ajouter de la glace pilée et mélanger de nouveau 5 secondes.

Suggestions

Pour un café moka, ajouter 1/2 c. à thé de chocolat noir pur au café chaud. Mélanger et laisser refroidir. La crème glacée à la vanille régulière convient au smoothie au café, mais moins au smoothie café moka car les produits laitiers diminuent de beaucoup les bienfaits du chocolat noir.

Smoothie aux fraises
par personne

6 ou 7 belles fraises

1/2 banane

60 g de yogourt nature

1 c. à soupe de graines de lin moulues

Quelques gouttes d'extrait de vanille pure

Miel ou stevia

Glace pilée

Couper tous les fruits. Mélanger les ingrédients à petite vitesse pendant environ 30 secondes et, graduellement, augmenter la vitesse pendant 30 secondes à 1 minute. Continuer de mélanger jusqu'à consistance lisse. Ajouter de la glace pilée et la vanille. Mélanger à nouveau 5 secondes.

Smoothie aux agrumes
par personne

1 grosse orange

1 kaki

2 c. à soupe de jus de citron

1 c. à soupe de jus de lime

1/2 c. à thé d'eau de rose

Yogourt glacé à la vanille

Glace pilée

Séparer l'orange en quartiers. Mélanger les ingrédients à petite vitesse pendant environ 30 secondes et, graduellement, augmenter la vitesse pendant 30 secondes à 1 minute. Continuer de mélanger jusqu'à consistance lisse. Ajouter de la glace pilée et le yogourt glacé. Mélanger à nouveau 5 secondes.

Smoothie aux fruits vanillés
par personne

3 belles fraises

1 tranche de mangue

30 g de bleuets

125 ml (1/2 tasse) de yogourt nature

Quelques gouttes d'extrait de vanille pure

Miel ou stevia

Glace pilée

Couper les fraises et la mangue. Mélanger les ingrédients à petite vitesse pendant environ 30 secondes et, graduellement, augmenter la vitesse pendant 30 secondes à 1 minute. Continuer de mélanger jusqu'à consistance lisse. Ajouter de la glace pilée et la vanille. Mélanger à nouveau 5 secondes.

Smoothie
aux fruits vanillés

Smoothie
aux agrumes

Smoothie
aux fraises

Smoothie
au café

Thé vert
au jus de fruits pour les enfants

Thé vert au jus de fruits pour les enfants
par personne (8 oz)

2 g par tasse ou 1 c. à thé rase de thé vert de qualité

Eau filtrée

Jus de pomme brut

Jus de canneberge

Jus de carotte

Jus d'ananas

Jus de raisin

Faire bouillir de l'eau filtrée. Laisser refroidir l'eau bouillie (à 70 °C) un instant avant de la verser sur les feuilles de thé. Infuser le thé 8 à 10 minutes pour une valeur thérapeutique maximale. Verser une portion de thé avec une portion de jus naturel fait de concentré, sans sucre ajouté, ou que vous aurez exprimé à partir de fruits frais. (Référez-vous à la Bible des jus pour en savoir davantage).

Suggestions

Une certaine prudence est de mise pour les très jeunes enfants. Utiliser du thé vert décaféiné de préférence. Sinon, offrir ces thés au jus de fruits avant 12 heures et doser proportionnellement à la taille de l'enfant et de manière contrôlée durant la journée. Le thé vert contient beaucoup moins de caféine que les boissons douces, les thés glacés et les boissons chocolatées que l'on trouve sur le marché.

Thé vert style Chaï
2 personnes

2 cosses de cardamome

1 bâton de cannelle

1/2 c. à thé de gingembre frais

1 c. à thé d'extrait de vanille pure

2 1/2 tasses d'eau filtrée

2 c. à thé rases de thé vert

Miel ou stevia (au goût)

Moudre la cardamome et la cannelle. Infuser les épices au préalable dans l'eau bouillante. Laisser macérer 1 heure. Filtrer. Faire bouillir à nouveau l'eau aromatisée. Laisser reposer un instant. Verser doucement sur le thé vert (à 70 °C). Infuser 8 à 10 minutes. Sucrer au goût. Ajouter du lait ou du lait de soya chaud ou froid, si désiré.

Thé vert aux agrumes
2 personnes

1 c. à soupe de zeste d'orange

1 c. à soupe de zeste de citron

1 clou de girofle

1 pincée de cannelle

1 pincée de piment de Jamaïque

2 c. à thé de thé vert

2 1/2 tasses d'eau filtrée

Suivre la même recette que pour le thé Chaï.

Thé vert pomme cannelle
2 personnes

1 tasse de jus de pomme brut

2 c. à thé de thé vert

1 bâton de cannelle

Miel ou stevia

Chauffer le jus de pomme à feu doux avec la cannelle. Goûter pour s'assurer d'obtenir la saveur recherchée. Faire l'infusion de thé en suivant les mêmes directives que celles de la recette du thé Chaï. Verser le thé dans la casserole. Mélanger et sucrer au goût.

Thé vert au jus de fruits pour les enfants

Thé glacé
citron menthe

Thé glacé citron menthe
4 personnes

Le jus de 2 citrons et leur zeste

4 c. à thé de thé vert

Feuilles de menthe

Miel ou stevia

Eau

Glaçons

Infuser le thé vert avec les feuilles de menthe 8 à 10 minutes. Sucrer au goût. Réfrigérer. Découper des lamelles de zeste de citron d'environ 1 cm (moins d'un demi pouce). Verser le jus de citron frais pressé sur des glaçons. Ajouter l'infusion de thé vert et le zeste. Servir.

Thé vert
à la menthe

Thé vert à la menthe
2 personnes

Infuser quelques feuilles de menthe fraîche pour 2 sachets de thé vert (ou 2 c. à thé rases de feuilles de thé).

Thé vert
au fenouil

Thé vert au fenouil
par personne

1/2 c. à thé de graines de fenouil

1 c. à thé de thé vert

Infuser le thé selon les mêmes directives que celles de la recette du thé Chai, avec les graines de fenouil. Filtrer.

Suggestions

Les huiles essentielles de plantes, orange, citron, bergamote, anis, etc., se prêtent très bien aux infusions de thé vert. Il suffit d'une goutte d'huile pure biologique pour aromatiser un thé et en retirer tous les bienfaits thérapeutiques.

Thé vert style Chaï

Thé vert pomme cannelle

Thé vert aux agrumes

Thé glacé
citron menthe

Thé vert à la menthe

Thé vert au fenouil

Desserts

Salade de fruits
mandarin

Salade de fruits mandarin
4 personnes

Sirop de lime

1/3 tasse de sucre	
Le zeste de 2 limes et leur jus	
1 c. à soupe de zeste d'orange	
1/8 c. à thé de cinq épices orientales	
1 c. à thé de gingembre râpé	
1/2 c. à thé de coriandre en poudre	
1 feuille de kaffir	
2 1/2 tasses d'eau filtrée	
Fruits frais (ananas, melons, pastèque, mangue, orange, kiwis, fraises)	
Feuilles de menthe (facultatif)	

Préparer le sirop en faisant fondre le sucre à feu doux dans le jus et le zeste de lime additionnés de 2 1/2 tasses d'eau filtrée. Incorporer les épices et porter à ébullition. Réduire le feu et cuire une dizaine de minutes. Transvaser dans un bol et réfrigérer 3 à 4 heures avant de servir (ou toute la nuit; le sirop n'en sera que plus parfumé). Couper les fruits en bouchées et déposer dans un saladier. Verser le sirop de lime sur la salade et servir avec de la menthe hachée finement, si désiré.

Remarque
Les feuilles de lime kaffir sont vendues dans les épiceries orientales. Leur goût rappelle la verveine.

Tulipes aux petits fruits

Tulipes
aux petits fruits

Tulipes aux petits fruits
12-15 portions

Crème pâtissière traditionnelle	
Feuilles de brick (pâte à rouleaux printaniers)	
Petits fruits frais	

Crème pâtissière

1 tasse de lait	
1 c. à thé d'extrait de vanille	
1/4 tasse de sucre granulé ou de miel	
2 1/2 c. à soupe de fécule de maïs	
3 jaunes d'œufs	
1 c. à thé de beurre mi-salé	
Glaçons	

Pour les tulipes en pâte brick, faire fondre du beurre ou utiliser de l'huile végétale (pépins de raisin) pour badigeonner les feuilles au vaporisateur ou au pinceau. Tailler les feuilles selon la grosseur désirée. Insérer les feuilles dans les moules à muffin en prenant soin de laisser un moule vide entre chaque tulipe. Déposer une cuillère à table de pois ou de riz sec ou tout autre objet pouvant servir de poids pour maintenir la forme des plis. Faire dorer au four à 350 °F (175 °C) 8 à 10 minutes. Laisser refroidir. Remplir les tulipes de crème pâtissière et garnir de petits fruits frais au moment de servir.

Porter le lait à ébullition en saupoudrant le sucre (ou du miel, au goût). Remuer à l'aide d'une cuillère de bois. Ajouter la vanille. Réduire le feu. Battre les jaunes d'œufs dans un bol à part jusqu'à ce qu'ils soient homogènes. Verser le tiers de lait chaud en fouettant jusqu'à homogénéité. La crème épaissira. Verser dans la casserole de lait chaud. Fouetter énergiquement jusqu'à ce que la crème commence à bouillir, soit 25 secondes environ, et incorporer le beurre. Transférer dans un cul-de-poule, recouvrir d'une pellicule plastique et réfrigérer jusqu'au moment de l'utilisation.

Salade de fruits mandarin

Poire pochée
au citron avec sauce au miel et abricots

Poire pochée au citron
avec sauce au miel et aux abricots
2 portions

2 poires Bosc

Le jus d'un citron

1/2 tasse d'abricots secs hachés

Miel ou fructose (facultatif)

Eau

Peler les poires et en retirer le cœur. Dans un faitout étroit, verser de l'eau filtrée additionnée de jus de citron et de 3 c. à soupe de miel, de manière que les poires soient bien immergées (déposer une plaque avec un poids léger pour qu'elles demeurent immergées). Porter à ébullition et réduire le feu à basse intensité. Cuire à couvert 10 à 20 minutes. Laisser refroidir les poires dans l'eau de cuisson.

Pour réaliser la sauce au miel, utiliser 1/2 tasse d'eau citronnée ayant servi à cuire les poires. Porter à ébullition. Réduire. Ajouter du miel et les abricots coupés en dés. Cuire quelques minutes pour attendrir les abricots. Égoutter les poires. Les trancher, si désiré. Au moment de servir, napper chaque poire de sauce au miel et aux abricots.

Remarque
Les feuilles de lime kaffir sont vendues dans les épiceries orientales. Leur goût rappelle la verveine.

Poire
au vin rouge épicé

Poire au vin rouge épicé, 2 portions

4 poires Bosc

Vin rouge (Marsala)

Épices suggérées : clou, cannelle ou Cardamome

Miel ou fructose (facultatif)

1/3 tasse de fromage ricotta

Muscade

Clou de girofle

Suggestions
Remplacez le fromage ricotta par du mascarpone auquel vous aurez ajouté un peu de crème.

Poire au vin rouge épicé

Peler les poires. Verser le vin rouge dans un faitout assez profond et pas trop large de manière que les poires soient immergées dans le vin rouge. Ajouter les épices suggérées, au goût. Porter à ébullition et réduire le feu à basse intensité. Cuire 20 à 30 minutes. Laisser refroidir les poires dans le vin cuit. Les égoutter. Trancher les poires de biais et les entrouvrir délicatement pour qu'elles ne glissent pas dans l'assiette.

Utiliser 1 tasse de vin cuit pour réaliser un sirop au miel. Porter le vin à ébullition, ajouter du miel ou du sucre, au goût. Réduire. Le mélange ne doit pas devenir semblable à de la tire d'érable car on aura de la difficulté à en napper les poires. Servir avec du ricotta aromatisé à la cannelle ou à la muscade. Pour ce faire, fouetter du fromage ricotta en ajoutant un peu de crème. Aromatiser avec une pincée de cannelle et de clou de girofle moulus ou de macis, au goût.

Poire pochée au citron
avec sauce au miel et aux abricots

Pomme cachée
au fromage et canneberges

Pomme cachée au fromage et canneberges
4 portions

Pâte à tarte sucrée

1 1/2 tasse de farine

1/4 tasse de sucre fin

6 c. à soupe de beurre mi-salé

1 jaune d'œuf

Garniture au fromage

4 c. à soupe de fromage à la crème

4 c. à soupe de canneberges séchées

Sauce au miel

2 c. à soupe de miel

1/2 c. à thé de cannelle

Sauce aux canneberges

1 tasse de jus de canneberge

1/2 tasse de canneberges séchées

Miel ou fructose (au goût)

Parfait
aux fraises et kiwi

Parfait aux fraises et kiwis
4 portions

1 tasse de crème à fouetter (35 %)

1/2 c. à thé d'extrait de vanille pure

2 c. à soupe combles de sucre granulé

8 oz de fraises fraîches

2 kiwis

Feuilles de menthe

Tamiser la farine. Ajouter le sucre. Couper le beurre en morceaux. Mélanger le jaune d'œuf et la farine tamisée plusieurs fois, en utilisant un couteau pour former des miettes puis une pâte. Former une boule et recouvrir d'une pellicule plastique. Réfrigérer 1 heure avant l'utilisation.

Enlever les cœurs et déposer les pommes dans une assiette à tarte ou un autre moule non graissé allant au four. Farcir chaque pomme d'une cuillère à soupe du mélange. Préchauffer le four à 400 ºF (200 ºC). Rouler la pâte sur une surface de travail enfarinée. Couper en carrés puis en triangles.

Préparer la sauce au miel et en déposer une cuillère à thé sur le dessus de chaque pomme; les envelopper de pâte et badigeonner d'œuf battu ou de lait. Cuire les pommes 30 minutes ou jusqu'à ce que la croûte soit bien dorée. Laisser refroidir une quarantaine de minutes avant de servir avec la sauce aux canneberges.

Couper les canneberges séchées en fins morceaux et les mélanger à la fourchette avec le fromage à la crème.

Dans une casserole, porter à ébullition le jus et les canneberges. Réduire jusqu'à ce que les fruits soient bien cuits. Sucrer au goût. Laisser refroidir et passer au mélangeur. Ajouter de l'eau si la sauce est trop épaisse.

Pomme cachée
au fromage et canneberges

Réfrigérer les ustensiles de cuisine qui serviront à préparer la crème Chantilly environ 20 minutes. Garder au froid les coupes dans lesquelles les parfaits seront servis. Fouetter tous les ingrédients à vitesse moyenne jusqu'à la formation de pics fermes. Recouvrir la crème d'une pellicule plastique et conserver au réfrigérateur. Trancher les fraises préalablement lavées et épongées. Peler les kiwis et faire de belles tranches assez minces. Monter les coupes en faisant alterner fruits et crème Chantilly. Couper les feuilles de menthe au dernier moment pour décorer, si désiré.

Parfait aux fraises et kiwis

Pouding rapide
au chocolat noir

Pouding rapide au chocolat noir
6 portions

80 à 100 g de chocolat noir (70 %)

Quelques gouttes d'huile de noisettes

3 tasses de lait de soya

3 c. à soupe de fécule de maïs

Pincée de sel

Miel ou stevia

Framboises

Faire fondre le chocolat dans un bain-marie. Ajouter la noisette de beurre. Délayer la fécule dans un peu de lait froid. Dans une casserole, verser le lait de soya et porter à ébullition. Ajouter la fécule et le chocolat fondu. Remuer à l'aide d'une cuillère en bois. Réduire le feu. Cuire jusqu'à épaississement. Laisser refroidir dans un bol rempli de glaçons ou au réfrigérateur. Étager le pouding en alternant avec des framboises ou d'autres petits fruits. Servir.

Pouding au riz
style indien

Pouding au riz style indien
2 portions

1 tasse de riz arborio (riz à risotto)

4 1/2 tasses de lait de soya nature

Pincée de sel

1/2 c. à thé de vanille

1 bâton de cannelle

Miel ou stevia

Eau de rose (environ 1 c. à thé)

1/2 tasse de raisins secs dorés

Amandes ou pistaches en morceaux (facultatif)

Pouding au riz style indien

Dans une casserole, verser le lait, le riz arborio, les raisins secs, le bâton de cannelle et la vanille. Amener à ébullition. Réduire le feu et cuire lentement 35 à 40 minutes en brassant de temps à autre pour ne pas que le riz colle au fond. Enlever la fine peau qui se forme en cuisant le lait de soya. Goûter au riz. Selon les préférences, poursuivre la cuisson ou retirer du feu. Aromatiser à l'eau de rose. Garnir de noix.

Suggestions

Ajoutez du zeste d'orange ou parfumez à l'eau de fleur d'oranger. Vous pouvez remplacer la cannelle par des graines de cardamome moulues (1 à 2 cosses, au goût).

Pouding rapide
au chocolat noir

Coupes de meringue
au sirop d'érable garnies et champignons

Coupes de meringue au sirop d'érable garnies et champignons

4 blancs d'œufs
1/2 à 2/3 tasse de sirop d'érable
Crème de tartre
Glace au soya à la vanille
Noix hachées

Champignons au sirop d'érable

Blancs d'œufs
Crème de tartre
Sirop d'érable clair

Préchauffer le four à 200 oF (100 oC). Dans une petite casserole, porter le sirop d'érable à ébullition avec un peu de crème de tartre. Surveiller la cuisson. Monter les blancs d'œufs en neige. Incorporer du sirop bouilli en petite quantité à la fois sur les œufs en neige tout en fouettant énergiquement. Transvider le mélange dans une poche à douille. Sur une plaque recouverte de papier parchemin, former de petits ronds avec une bordure. Cuire jusqu'à ce qu'ils soient fermes. Garnir d'une boule de glace au soya à la vanille et de noix.

Pour chaque blanc d'œuf en neige, incorporer 1 c. à soupe de sirop d'érable à la température de la pièce tout en fouettant jusqu'à la formation de pics. Utiliser une poche à douille pour former les champignons. Cuire au four à 200 °F (100 °C) pendant plus de 2 heures. Conserver dans un contenant hermétique.

Remarque

Il faut travailler les blancs d'œufs au malaxeur à grande vitesse. Utiliser des œufs à la température de la pièce.

Clafoutis
aux bleuets ou aux framboises

Clafoutis aux bleuets ou aux framboises
Pour 5 clafoutis de 5 po (10 à 13 cm) de diamètre

4 œufs
2 tasses de bleuets ou de framboises
1 c. à soupe de miel ou de sucre glace
Quelques gouttes d'extrait de vanille
1/4 tasse de lait
1/4 tasse de crème
1 c. à soupe de farine

Clafoutis aux bleuets ou aux framboises

Préchauffer le four à 400 °F (200 °C). Beurrer les ramequins. Disposer les bleuets entiers au fond de chacun. Fouetter les œufs en incorporant le sucre ou le miel. Ajouter la crème et le lait. Incorporer la farine en pluie sans cesser de mélanger. Verser sur les bleuets et cuire environ 30 minutes. Laisser refroidir avant de servir.

Coupes de meringue
au sirop d'érable
Champignons au sirop d'érable

Sorbet

minute

Sorbet minute

2 portions

2 tasses de petits fruits congelés
(framboises, bleuets ou fraises)

Le jus d'un demi-citron

1 blanc d'œuf

2 c. à soupe de miel (au goût)

Garniture

1 c. à soupe de copeaux de chocolat noir (70 %)

Réduire tous les ingrédients dans un robot culinaire jusqu'à consistance lisse. Servir immédiatement ou congeler selon la consistance désirée. Garnir d'un éventail en chocolat noir.

Pour la garniture, faire fondre du chocolat noir dans un bain-marie. Sur du papier parchemin, faire des zigzags assez épais pour qu'ils ne se cassent pas en les dégageant. Laisser refroidir. Garnir les sorbets au moment de servir.

Petits choux au chocolat
et Crème pâtissière au soya

Petits choux

au chocolat

et crème pâtissière au soya

Petits choux au chocolat et
Crème pâtissière au soya

Pâte à choux au chocolat noir

4 œufs

1/2 tasse d'eau filtrée

1/2 tasse de lait de soya à la vanille

1/2 c. à thé d'extrait de vanille

1 c. à thé de miel

1/2 tasse de beurre non salé

2 1/2 c. à thé de chocolat noir pur en poudre

10 g de chocolat noir pur (70 %)

1 tasse de farine de kamut

Crème pâtissière au lait de soya

1 tasse de lait de soya à la vanille

1/2 c. à thé d'extrait de vanille

1/4 tasse de sucre granulé

2 1/2 c. à soupe de fécule de maïs

3 jaunes d'œufs

1 c. à thé de beurre mi-salé

Thé Matcha (facultatif)

Glace rapide au chocolat noir (facultatif)

50 g de chocolat noir (70 %)

1 c. à soupe de beurre non salé

Préchauffer le four à 350 °F (175 °C). Tamiser la farine avec le cacao et le sel. Fouetter les œufs jusqu'à l'obtention d'un mélange homogène. Dans un faitout, faire chauffer tous les autres ingrédients sauf le mélange de farine. Porter à ébullition. Ajouter toute la farine et remuer avec une cuillère en bois. Lorsque la pâte devient épaisse, réduire le feu et continuer de remuer jusqu'à ce que la pâte se détache des parois. Transférer dans un bol et y incorporer les œufs battus, une cuillérée à la fois. Bien amalgamer entre chaque ajout. Sur une plaque à biscuits recouverte de papier parchemin, déposer les choux façonnés à l'aide d'une poche à douille.

Porter le lait de soya à ébullition en saupoudrant le sucre (ou du miel, au goût). Remuer à l'aide d'une cuillère en bois. Ajouter la vanille. Réduire le feu. Battre les jaunes d'œufs dans un bol à part jusqu'à l'obtention d'un mélange homogène. Verser le tiers du lait chaud sur ce mélange en fouettant jusqu'à homogénéité. La crème épaissira. Incorporer dans la casserole de lait chaud. Fouetter énergiquement sur le feu jusqu'à ce que la crème commence à peine à bouillir (20 secondes) et incorporer le beurre. Transférer dans un cul-de-poule, recouvrir de pellicule plastique et réfrigérer. Couper les chapeaux des choux et déposer une cuillère de crème. Saupoudrer de thé Matcha. Napper de glace au chocolat noir.

Faire fondre le chocolat avec le beurre dans une petite casserole à feu doux ou dans un bain-marie. Remuer. Retirer du feu avant qu'il ne soit entièrement fondu; le chocolat continuera de fondre. Laisser tiédir pour napper les choux avec plus de facilité.

Sorbet minute

Muffins
chocolat-menthe

Muffins chocolat-menthe
Recette de base de gâteau au yogourt
Pour 15 mini muffins

1 tasse de farine à pâtisserie
1 1/2 c. à soupe de chocolat noir pur en poudre
1/2 c. à thé de poudre à pâte
1/2 tasse de sucre
1/4 tasse de lait écrémé
1/4 tasse de yogourt faible en gras
2 blancs d'œufs
2 c. à thé d'extrait de menthe pure
3 c. à thé d'huile de pépins de raisin
2 c. à soupe de noix de pin hachées

Glaçage au chocolat léger

1 noisette de beurre non salé
1 carré de chocolat noir 70 %
Amandes en poudre
Noix de coco grillée

Tamiser la farine, le cacao et la poudre à pâte. Préchauffer le four à 350 °F (175 °C). Dans un cul-de-poule, bien mélanger l'huile, le sucre, l'extrait de menthe et les noix hachées. Verser le yogourt et le lait en brassant. Incorporer la farine graduellement. Dans un autre bol, fouetter les blancs d'œufs en neige. Les plier dans la pâte. Transférer le mélange dans des moules à muffin graissés et enfarinés ou utiliser des caissettes en papier. Cuire 15 minutes ou jusqu'à ce que le centre reprenne sa forme après une légère pression du doigt. Laisser refroidir une dizaine de minutes avant de démouler; laisser refroidir complètement avant de servir.

Pour réaliser le glaçage, faire fondre le chocolat dans un bain-marie à feu doux. Ajouter le beurre et remuer. Retirer du feu et laisser refroidir. Napper les muffins de chocolat fondu à l'aide d'une spatule et garnir d'amandes ou de noix de coco.

Muffins
aux framboises

Muffins aux framboises
Recette de base de gâteau au yogourt
Pour 15 mini muffins

1 tasse de farine à pâtisserie
1/2 c. à thé de poudre à pâte
1/2 tasse de sucre
1/4 tasse de lait écrémé
1/4 tasse de yogourt aux framboises
2 blancs d'œufs
1/4 c. à thé d'extrait de vanille pure
3 c. à thé d'huile de pépins de raisin
Framboises fraîches
Confiture de framboises

Pour la pâte à muffins, suivre les mêmes instructions que celles de la recette des muffins chocolat-menthe.

Déposer 1/4 cuillère à thé de confiture de framboises et une framboise fraîche dans le moule à demi rempli de pâte à muffins. Recouvrir de pâte. Pour le mode de cuisson, voir la recette précédente. Glacer avec du chocolat noir, si désiré.

Muffins chocolat-menthe
Muffins aux framboises

Granité
aux trois agrumes et thé vert

Granité aux 3 agrumes et thé vert

2 c. à soupe de concentré de jus d'orange
2 c. à soupe de concentré de limonade
2 tasses d'eau filtrée
1 tasse de jus de pamplemousse rose
1 1/2 tasse d'infusion de thé vert Sencha
Thé en poudre Matcha
Miel pur

Préparer une infusion forte de thé vert Sencha. Délayer les concentrés de jus avec de l'eau filtrée. Faire un mélange moitié infusion et moitié jus. Verser dans un contenant peu profond. Congeler 30 minutes à 1 heure. Gratter et mélanger à la fourchette pour permettre aux cristaux de glace de bien se répartir. Remettre à congeler 30 minutes. Répéter l'opération quelques fois. Servir dans des coupes préalablement réfrigérées. Saupoudrer de thé vert Matcha et napper de miel pur.

Suggestions

Parsemer de petits fruits frais tels que bleuets, cerises ou groseilles.

Barres granola
au chocolat noir

Barres granola au chocolat noir

1/2 tasse de beurre mi-salé
2 c. à soupe de sirop d'érable
3 c. à soupe de miel
50 à 75 g de chocolat noir (70 %)
1 c. à soupe d'eau de fleur d'oranger (facultatif)
1 1/3 tasse de flocons d'avoine à cuisson rapide
1/2 tasse de noix mélangées
1/4 tasse de canneberges séchées
2 c. à soupe de lécithine en granules

Barres au müesli épicé

1/4 tasse de beurre mi-salé
3/4 tasse de lait de soya nature
1/4 tasse de miel
2 1/3 tasses de céréales müesli aux noix et raisins
1/3 tasse de farine de kamut
1/4 tasse de graines de tournesol
1/4 tasse d'amandes effilées grillées
Pincée de cannelle
Pincée de clou ou cardamome moulue

Barres granola au chocolat noir
Barres au müesli épicé

Préchauffer le four à 350 ºF (175 ºC). Faire fondre le beurre avec le sucre et le sirop d'érable. Ajouter le chocolat en morceaux et parfumer d'eau de fleur d'oranger. Ajouter tous les autres ingrédients et bien mélanger. Hacher les noix et les canneberges finement et les enrober de farine pour ne pas qu'elles collent et s'agglutinent. Sur une plaque à biscuits antiadhésive recouverte de papier parchemin, étendre le mélange afin d'obtenir une épaisseur d'environ 1/4 po ou plus, selon les préférences. Cuire entre 30 et 40 minutes. Couper en forme de barre ou en carrés au sortir du four. Conserver dans une boîte hermétique ou envelopper individuellement dans du papier ciré.

Préchauffer le four à 325 ºF (160 ºC). Dans une casserole, faire fondre le beurre et ajouter le miel. Verser le lait de soya, la farine et le müesli. Mélanger et cuire jusqu'à l'obtention d'un épais gruau. Incorporer les noix, les graines de tournesol et une bonne pincée d'épices, au goût. Cuire pendant 1 heure environ. Tailler en forme de barre au sortir du four. Laisser refroidir sur une grille à pâtisserie.

granité aux 3 agrumes
et thé vert

Biscuits
diète au chocolat

Biscuits diète au chocolat

1 tasse de farine de kamut ou de farine régulière

1 c. à soupe comble de chocolat noir pur

5 c. à soupe de beurre demi-sel bio

1 c. à soupe d'huile de noisettes bio

2 à 3 c. à soupe de miel

Préchauffer le four à 350 ºF (160 ºC). Tamiser le cacao avec la farine. Battre le beurre avec le miel. Incorporer la farine en petite quantité à la fois tout en brassant. Travailler le mélange. Déposer une feuille de papier parchemin sur la surface de travail. Étendre la pâte à biscuits à l'aide d'un rouleau légèrement enfariné. Utiliser un emporte-pièce et découper. Déposer les biscuits sur une plaque antiadhésive. Cuire 15 minutes. Laisser refroidir sur une feuille de papier ciré. Conserver dans un contenant hermétique.

Biscuits aux pépites de chocolat noir et orange

1 tasse de farine de kamut

ou moitié farine de blé entier et kamut

40 g de chocolat noir pur (70 %)

5 c. à soupe de beurre demi-sel bio

1 c. à soupe d'huile de noisettes bio

1/4 tasse de fructose

Pelure d'orange

Préchauffer le four à 375 ºF (190 ºC). Couper le chocolat en petits copeaux (environ 1/4 po). Couper la pelure d'orange en filaments. Les hacher. Battre le beurre avec le fructose. Incorporer la farine en petite quantité à la fois tout en brassant. Travailler le mélange. Déposer une feuille de papier parchemin sur la surface de travail. Étendre la pâte à biscuits à l'aide d'un rouleau légèrement enfariné. Façonner en petites boules à l'aide d'une cuillère à thé. Déposer les biscuits sur une plaque antiadhésive. Cuire 15 minutes. Laisser refroidir sur une feuille de papier ciré. Conserver dans un contenant hermétique.

Biscuits aux noix de cajou

1 tasse de farine de kamut ou de farine régulière

2 c. à soupe de graines de lin

1/2 tasse de beurre demi-sel bio

5 c. à soupe de fructose

2 c. à soupe de sirop d'érable

1/2 tasse de noix de pacane

Préchauffer le four à 350 ºF (175 ºC). Hacher les noix. Tamiser la farine et incorporer les noix et les graines de lin moulues. Battre le beurre avec le fructose et le sirop d'érable. Incorporer la farine en petite quantité à la fois tout en brassant. Travailler le mélange. Déposer une feuille de papier parchemin sur la surface de travail. Étendre la pâte à biscuits à l'aide d'un rouleau légèrement enfariné. Utiliser un emporte-pièce et découper la pâte. Déposer les biscuits sur une feuille de papier parchemin graissée. Cuire 15 minutes environ. Laisser refroidir sur une feuille de papier ciré. Conserver dans un contenant hermétique.

Biscuits diète au chocolat

Biscuits aux pépites de chocolat noir et orange

Biscuits aux noix de cajou

Croustade
aux petits fruits

Croustade aux petits fruits

3/4 tasse de farine de kamut
1/4 tasse de flocons d'avoine
1/2 tasse de beurre mi-salé froid
1/2 tasse de noix de pin
6 c. à soupe combles de cassonade
Petits fruits (fraises, bleuets, framboises, mûres)

Granité au café avec Croustade glacée au thé vert

1 tasse de café fort (expresso)
Eau filtrée
Sucre ou miel
2 c. à soupe de lait de soya glacé à la vanille
Thé vert Matcha (en poudre)
4 c. à soupe d'amandes hachées

Pour le granité au café, faire un café expresso avec du café de qualité et de l'eau filtrée. Ajouter une petite quantité de sucre ou de miel, selon les préférences. Verser dans un récipient peu profond. Congeler 30 minutes à 1 heure. Gratter et mélanger à la fourchette pour répartir les cristaux glacés. Remettre à congeler 30 minutes. Répéter l'opération quelques fois. Servir dans des coupes préalablement réfrigérées en alternant avec la croustade glacée (voir ci-dessous). Servir immédiatement ou garder au congélateur.

    Pour la croustade glacée, broyer les amandes grossièrement. Incorporer la moitié des amandes au lait de soya glacé et saupoudrer le thé Matcha. Mélanger à la fourchette pour bien amalgamer. Mettre au réfrigérateur pour faire congeler la croustade. Ressortir et gratter à la fourchette en ajoutant une autre quantité d'amandes pour former des granules. Congeler à nouveau.

Granité au chocolat avec Croustade glacée aux petits fruits

1 c. à thé de chocolat pur en poudre
1 tasse d'eau filtrée
2 c. à soupe de lait de soya glacé à la vanille
1 c. à soupe de fraises ou de framboises congelées
4 c. à soupe de pistaches broyées

Ne pas ramollir le beurre. Hacher les noix si désiré. Mélanger tous les ingrédients à la fourchette (ou travailler avec les doigts) de manière à obtenir un mélange granuleux et sec. Réserver. Trancher les fruits en gros morceaux à l'exception des bleuets.

    Placer les fruits frais au fond du moule et déposer une généreuse quantité de mélange à croustade par-dessus. Préchauffer le four à 350 ºF (160 ºC). Cuire 15 à 20 minutes, jusqu'à ce que la croustade soit bien dorée. Laisser refroidir une dizaine de minutes avant de servir.

Granité au chocolat avec Croustade glacée aux petits fruits

Pour le granité au chocolat, mélanger 1 c. à thé de chocolat pur en poudre avec une tasse d'eau bouillante. Laisser infuser. Suivre les mêmes étapes que pour le granité au café.

    Pour la croustade glacée, broyer les pistaches grossièrement. Incorporer la purée de fraises au lait de soya glacé. Bien mélanger. Congeler. Quand le mélange est bien pris, ajouter la moitié des pistaches. Mélanger à la fourchette pour bien amalgamer. Remettre au réfrigérateur pour faire congeler à nouveau. Ressortir et gratter à la fourchette en ajoutant une autre quantité de noix pour faire des granules. Congeler à nouveau.

Croustade
aux petits fruits

Tarte au chocolat noir
et aux poires

Tarte au chocolat noir et aux poires

1 fond de tarte en pâte sablée de 9 po (23 cm)
de diamètre cuit à blanc et refroidi

Pâte sablée

1 tasse de farine

1/2 tasse de beurre froid mi-salé

1 œuf

1/2 tasse de sucre

Sel

garniture

2 à 3 poires mûres (Bosc, Bartlett)

Jus de citron

200 g de chocolat noir

2 c. à soupe de beurre mi-salé

1/4 à 1/2 tasse de noix hachées finement
(macadam, avelines, de pacane)

Mélanger les ingrédients de la croûte. Former un puits au centre. Y déposer l'œuf battu et mélanger avec le beurre froid coupé en morceaux, le sucre et une pincée de sel. Le mélange ressemblera à une chapelure grossière. Ne pas trop travailler. Sur une feuille de papier sulfurisé, aplatir la pâte et former un cercle. Réfrigérer 1 heure. Utiliser un moule à tarte à fond amovible ou graisser un moule régulier. Abaisser un disque de 25 cm de diamètre pour bien recouvrir les bords. Avec les doigts, pousser délicatement pour mouler les bords. Laisser retomber la pâte naturellement. Piquer l'abaisse. Réfrigérer au moins 1 heure. Cuire au four préchauffé à 375 ºF (190 ºC) pendant 5 minutes ou jusqu'à ce que la croûte durcisse. Retirer du four et tailler les bords avec un couteau bien aiguisé. Poursuivre la cuisson au moins 10 minutes ou jusqu'à ce que la croûte soit bien dorée. Laisser refroidir avant de mettre la garniture.

Faire fondre doucement le chocolat dans un bain-marie. Incorporer les noix et le beurre fondu. Laisser tiédir. Trancher les poires et les arroser de jus de citron. Les laisser reposer quelques minutes et éponger le surplus de jus. À l'aide d'une spatule, étendre le chocolat aux noix. Garnir de tranches de poire. Servir.

Tarte au chocolat noir
et aux poires

Tartelettes
à la mousse au citron et aux fraises

Tartelettes à la mousse au citron
Pour 4 tartelettes d'environ 5 po (12 cm)
de diamètre

Pâte feuilletée à la noix de coco

1 1/4 tasse de farine de kamut
1 c. à thé de graines de lin moulues (facultatif)
2 c. à soupe de noix de coco sucrée moulue
3 c. à soupe de beurre mi-salé
3 à 4 c. à soupe de lait froid
1 jaune d'œuf
Zeste de citron

Mousse au citron

1/2 tasse d'eau filtrée
2 c. à soupe de gélatine en granules
Le jus de 3 citrons
1/3 tasse de fructose
1 c. à soupe de miel
1 tasse de lait de soya vanillé
4 blancs d'œufs
2 c. à soupe de fructose ou 4 c. à soupe de sucre granulé

Tartelettes crémeuses aux fraises
Pour 4 tartelettes d'environ 5 po (12 cm)
de diamètre

Pâte feuilletée aux amandes

1 tasse de farine de blé entier
3/4 tasse d'amandes effilées grillées
2 c. à soupe de sucre granulé
1 c. à thé de zeste de citron
Pincée de sel
6 c. à soupe de beurre mi-salé froid
1 gros œuf battu

garniture aux fraises

14 oz de fraises fraîches
1/4 tasse de jus de citron
Essence de menthe poirée (facultatif)
1/2 tasse de fructose
1 tasse de crème à fouetter
2 blancs d'œufs
Pincée de crème de tartre

Déposer la farine tamisée sur la surface de travail et former un puits au centre. Verser les copeaux de beurre froid et une pincée de sel et pétrir du bout de doigts ou avec deux couteaux. Incorporer l'œuf et le reste des ingrédients. Travailler la pâte. La diviser en 4 petites boules; les recouvrir d'une pellicule plastique et laisser au réfrigérateur pendant 1 heure avant de rouler la pâte. Aplatir la pâte avec un rouleau enfariné pour former un disque. Piquer l'abaisse et déposer un poids dessus. Cuire 15 minutes à 350 ºF (175 ºC). Laisser refroidir. Garnir de mousse au citron (voir recette ci-dessous) et décorer en utilisant un fruit frais ou du zeste de citron.

Saupoudrer la gélatine sur l'eau filtrée à la température de la pièce. Laisser reposer 5 minutes. Dans une petite casserole, dissoudre le sucre et le miel dans le jus de citron à feu moyen et porter à ébullition en remuant. Incorporer l'eau et la gélatine. Remuer. Retirer du feu lorsque tout est bien dissout. Transvider dans un cul-de-poule et réfrigérer au moins 30 minutes ou jusqu'à ce que le mélange commence à épaissir. Incorporer le lait de soya et bien mélanger. Faire prendre au réfrigérateur 35 à 40 minutes. Fouetter les blancs d'œufs jusqu'à ce qu'ils commencent à mousser. Ajouter le fructose graduellement tout en continuant de fouetter. Fouetter le mélange au citron pour qu'il gonfle et prenne du volume. Plier les blancs d'œufs dans la préparation et garnir le fond des tartelettes. Conserver au réfrigérateur jusqu'au moment de servir.

Faire griller les amandes à sec. Dans un robot culinaire muni d'une lame, moudre finement les amandes. Ajouter tous les ingrédients secs et le zeste de citron. Mélanger 3 à 4 secondes. Ajouter le beurre et actionner le robot culinaire par pulsion de quelques secondes à la fois. Le mélange deviendra grumeleux. Verser l'œuf et mélanger jusqu'à l'obtention d'une pâte. Former une boule et la diviser en 4. Recouvrir de pellicule plastique et réfrigérer 10 minutes. Préchauffer le four à 400 ºF (200 ºC). Enfariner la surface de travail et rouler la pâte en petits cercles de 6 1/2 po (15 cm) de diamètre et déposer dans les moules. Piquer les fonds et cuire 12 à 15 minutes. Laisser refroidir et garnir.

Bien laver les fraises, les égoutter et les éponger. Les réduire en purée dans un robot culinaire en ajoutant le jus de citron et le fructose (conserver des fraises entières non rincées pour la garniture). Dans un saladier, fouetter la crème. Ajouter quelques gouttes d'essence de menthe, si désiré. Incorporer la purée graduellement. Réserver. Fouetter les blancs d'œufs en ajoutant une pincée de crème de tartre, jusqu'à la formation de pics. Plier les blancs dans le mélange aux fraises. Remplir les croûtes à tartelette et réfrigérer plusieurs heures. Garnir de fraises fraîches au moment de servir.

Tartelettes
    à la mousse au citron

Tartelettes
    crémeuses aux fraises

Strudel au chocolat
et noix

Strudel au chocolat et noix
6-8 portions

1 paquet de pâte feuilletée
1 œuf battu

Garniture

100 à 150 g de chocolat noir
2 c. à soupe de beurre mi-salé
1/2 tasse de noix de Grenoble

Hacher les noix en morceaux. Faire fondre le chocolat dans un bain-marie. Ajouter le beurre et bien mélanger. Préchauffer le four à 375 °F (190 °C). Enfariner la surface de travail et le rouleau à pâtisserie et rouler la pâte afin d'obtenir un rectangle de 12 x 16 po (30 x 40 cm).

Rouler la pâte et répandre le chocolat fondu (il ne doit pas être trop liquide) uniformément en conservant une bordure d'un pouce et demi. Ajouter les noix hachées. Rouler et refermer les extrémités. Déposer côté lisière sur une feuille de papier parchemin non graissée. Badigeonner au pinceau d'œuf battu et cuire 30 à 35 minutes ou jusqu'à ce que la pâte soit dorée. Laisser refroidir 30 minutes sur une grille ou une plaque à biscuits.

Pâte feuilletée
tout beurre

Faire soi-même une pâte feuilletée demande du courage et du temps (environ 4 heures). Il est possible d'utiliser du beurre de bonne qualité pour la réaliser La célèbre chef américaine, Julia Child a toujours recommandé d'ajouter un peu de shortening à ses recettes de pâte à tarte pour obtenir une pâte plus feuilletée. L'addition de jus de citron rendra la pâte régulière plus feuilletée. Ma mère utilisait toujours du soda citron limette à la place de l'eau froide. La pâte feuilletée commerciale est pratique et rapide à utiliser, mais comme tous les produits de boulangerie commerciaux, elle contient une quantité de shortening riche en gras saturés et «gras trans». Ils doivent être graduellement enlevés de notre panier d'épicerie. Les acides gras saturés et les acides gras trans sont des gras malsains parce qu'ils ont tendance à augmenter les risques de maladie du coeur. Il faut donc veiller à ne pas en abuser.

Pâte feuilletée tout beurre

200 g (2 1/4 tasse) de farine à pâtisserie
5 g (1 c. à t.) de sel
1 dl (7 1/2 c. à s.) d'eau froide
150 g (3/4 de tasse) de beurre
Beurre supplémentaire (environ 50 g)

Sur le plan de travail, faire un puit avec la farine et mélanger le sel avec l'eau froide. Râper le beurre froid ou le couper en copeaux. Du bout des doigts travailler le mélange jusqu'à obtention d'une pâte ferme, appelée «détrempe».. A joutez de l'eau si elle est trop sèche, Faire une boule. Reposer 30 minutes enveloppée de film plastique. Abaisser la détrempe en un carré de 25 cm (10 pouces) sur une épaisseur d'environ 2 cm (3/4 pouces).

Il faut ensuite «beurrer» la préparation en aplatissant le beurre sur la pâte, totalisant 15 cm carré (6 pouces carré). Déposer la pâte entre 2 feuilles de papier parchemin et commencer à petits coups de rouleau puis aplatir pour lui donner sa dimension. Fermer comme une enveloppe en repliant les 4 coins. Allonger la pâte au rouleau pour avoir une bande rectangulaire assez mince. Replier la bande en trois en la pliant sur elle-même, faire un 1er tour au rouleau. Refaire une 2e tour. Reposer 20 minutes (enveloppée de film plastique) et refaire la même séquence. Reposer 20 minutes et redonner encore2 derniers tours. La pâte est finalement prête à être utilisée !

Strudel au chocolat
et noix

Petits gâteaux légers
au yogourt et bleuets sauvages

Petits gâteaux légers au yogourt et bleuets sauvages
Recette de base de gâteau au yogourt, 10 portions

1 tasse de farine
1/2 c. à thé de poudre à pâte
1/2 tasse de sucre
1/4 tasse de lait écrémé
1/4 tasse de yogourt faible en gras
2 blancs d'œufs
1 c. à thé d'extrait de vanille pure
3 c. à thé d'huile de pépins de raisin

Sauce légère au miel et bleuets

2 tasses de bleuets sauvages congelés
1 tasse d'eau filtrée
1/2 c. à thé de jus de citron
4 c. à soupe de miel
4 c. à thé de fécule de maïs

Tamiser la farine 2 fois avec la poudre à pâte. Préchauffer le four à 350 ºF (175 ºC). Dans un cul-de-poule, bien mélanger l'huile, le sucre et la vanille. Verser le yogourt et le lait en brassant. Incorporer la farine graduellement. Dans un autre bol, fouetter les blancs d'œufs en neige. Les plier dans la pâte. Transférer rapidement le mélange à gâteau dans un moule graissé et enfariné. Cuire 30 minutes environ ou jusqu'à ce que le centre reprenne sa forme après une légère pression du doigt. Laisser refroidir une dizaine de minutes avant de démouler; laisser refroidir complètement avant de servir.

Pour la sauce, faire chauffer l'eau additionnée de citron. Ajouter la moitié du miel et la fécule de maïs délayée dans l'eau. Incorporer les bleuets congelés. Cuire en remuant quelques minutes ou jusqu'à épaississement de la sauce. Incorporer le reste du miel. Brasser. Laisser refroidir. Servir à la température de la pièce.

Saupoudrer de cacao en poudre ou de sucre glace la moitié du gâteau en utilisant une feuille de papier pour masquer une partie du gâteau. Garnir de sauce aux bleuets sauvages.

Soufflé extra
au chocolat noir

Soufflé extra au chocolat noir
4 portions

2 1/2 oz de beurre mi-salé
3 oz de chocolat noir de qualité
3 œufs
2 c. à soupe de sucre
1 c. à thé de farine
1 c. à thé de cacao pur de qualité

Soufflé extra
au chocolat noir

Préchauffer le four à 425 ºF (220 ºC). Dans une petite casserole, faire fondre le beurre à feu doux. Faire fondre le chocolat dans un bain-marie. Laisser tiédir. Battre les jaunes d'œufs avec les 2/3 du sucre jusqu'à ce que le mélange blanchisse et soit mousseux. Incorporer la farine et le beurre fondu tiédi. Dans un cul-de-poule, battre les blancs en neige, ajouter le reste du sucre et battre encore quelques secondes. Combiner le chocolat fondu refroidi avec le mélange de jaunes d'œufs. Incorporer délicatement les blancs en neige.

Répartir la préparation dans quatre petits moules beurrés et enfarinés avec un mélange de farine et de cacao. Cuire 7 à 8 minutes. Surveiller de près afin d'obtenir une croûte externe ferme et un centre tendre. Démouler ou laisser dans les ramequins. Saupoudrer de sucre glace, si désiré.

Petits gâteaux légers au yogourt et bleuets sauvages

Gâteaux pour le thé
aux noix de pin

Gâteau pour le thé aux noix de pin

3/4 tasse de farine de blé entier

1/2 tasse de fécule de maïs

1/3 tasse de beurre mi-salé

1/4 tasse de cassonade

Le jus d'une orange et son zeste

1/2 tasse d'abricots secs hachés

1/2 tasse de noix de pin

Fouetter le beurre avec la cassonade jusqu'à ce que le sucre soit bien amalgamé. Verser le jus et le zeste d'orange. Mélanger. Ajouter la farine, la fécule de maïs, les abricots enrobés de farine et les noix graduellement. Verser le mélange à gâteau dans un moule graissé et enfariné. Cuire 50 minutes au four préchauffé à 325 °F (160 °C). Renverser le gâteau sur une grille pour le laisser refroidir avant de le servir.

Gâteaux pour le thé
au chocolat et canneberges

Gâteau pour le thé au chocolat et canneberges

1 1/4 tasse de farine de kamut

2 c. à thé de poudre à pâte

2 œufs

1/2 tasse de beurre mi-salé

1 c. à thé de cacao en poudre

4 c. à soupe de jus de citron

Le zeste d'un citron

2 c. à soupe de miel

1/4 tasse de canneberges séchées

2 c. à soupe de noix de coco grillée (facultatif)

50 g de chocolat noir

Pincée de gingembre (facultatif)

Gâteau pour le thé au chocolat et canneberges

Tamiser la farine avec la poudre à pâte. Défaire le beurre et mélanger avec le miel et les œufs battus. Le mélange deviendra crémeux. Incorporer la farine graduellement. Enfariner les canneberges et les saupoudrer de gingembre. Couper le chocolat noir en petits morceaux. Ajouter ces derniers aux ingrédients au dernier moment. Préchauffer le four à 325 °F (160 °C). Graisser un moule (type moule à pain) en prenant soin de saupoudrer les bords et le fond de semoule de maïs fine ou de farine pour faciliter le démoulage. Verser la pâte dans le moule et cuire 45 minutes environ. Démouler et laisser refroidir avant de servir.

Gâteau pour le thé
aux noix de pin

Mini
lexique

Baharat : mélange d'épices utilisé dans les États du Golfe. Il est composé de paprika doux, poivre gris, coriandre, clou de girofle, cumin, cardamome et de noix de muscade.

Beurre clarifié : beurre chauffé dont on a éliminé l'eau et les éléments solides du lait par filtration. Il est utilisé à température élevée pour faire dorer les aliments. Sa saveur est rehaussée

Blanchir : cuire les aliments dans l'eau bouillante. Aussi employer pour nuancer les saveurs.

Bouquet garni : choix de fines herbes comprenant : thym, persil, feuilles de laurier. Sa taille est relative : tout dépendra de la quantité de liquide à aromatiser. Les herbes sèches ou fraîches sont ficelées. On enveloppera d'étamine les herbes sèches.

Braiser : cuire dans du liquide.

Câpres : boutons à fleurs du câprier cueillis avant éclosion salés et mis à confire dans le vinaigre.

Caraméliser : rehausser le goût en caramélisant les sucs et autres composantes naturelles des aliments : on caramélise des légumes hachés dans un peu de matière grasse avant d'y ajouter un liquide.

Ciseler : tailler minutieusement au ciseau

Con carne : Chili con carne veut dire à la viande en espagnol

Cul-de-poule : récipient large de forme arrondi

Cuillère parisienne : ustensile dont l'extrémité est demi-sphérique, permettant de former des boules et d'évider des aliment. Communément appelé : cuillère à melon.

Décanter : transvaser délicatement un liquide, un bouillon par exemple, de sorte que les matières solides déposées au fond le resteront.

Déglacer : délayer avec un peu de liquide (eau, vin, bouillon jus de citron, crème, selon l'aliment) le fond d'un poêlon chaud où vient de cuire un rôti par exemple, en chauffant les sucs caramélisés pour les dissoudre et en faire une sauce d'accompagnement savoureuse.

Écumer : enlever l'écume qui se forme dans un bouillon par exemple

Émincer : couper en tranches très fines.

Étamine : morceau de tissu tissé peu serré que l'on utilise pour envelopper des fines herbes.

Étuver : cuire lentement à couvert dans très peu de liquide ou de matière grasse.

Enokitake : petit champignon asiatique très décoratif à saveur douce. Communément appelé enoki, il se conserve une semaine au réfrigérateur.

Duxelle : hachis de champignons, d'échalotes ou d'ail utilisé pour une farce.

Faitout : marmite ayant deux poignées et munie d'un couvercle

Fructose : sucre d'origine végétale contenu dans plusieurs fruits et le miel.

Ghee : utilisé en cuisine indienne, le ghee est traditionnellement fait de beurre de buflonne clarifié qui, monté à très haute température ne brûlera pas. Il est plus dispendieux que le beurre régulier clarifié.

Lier : terme utilisé habituellement pour modifier la consistance d'une préparation. On utilisera à une sauce un aliment « liant » : beurre, crème ou farine.

Miso : pâte de soya fermentée naturellement, de bonne valeur nutritive, largement utilisée comme base de bouillon au Japon.

Pancetta : lard fumé italien.

Pocher : cuisson d'un aliment en le submergeant dans un liquide relativement réduit.

Pomelo : nom véritable du pamplemousse blanc ou rose. Peut s'écrire aussi pomélo.

Roux : préparation faite de farine dorée et de beurre servant à lier la sauce.

Suer : cuire un aliment pour lui faire évacuer l'eau en le cuisant jusqu'à évaporation du liquide.

Wakame : algue marine comestible très courante dans la cuisine japonaise. Bonne source de minéraux, elle est vendue séchée et demande un trempage avant d'être consommée.

Bon appétit !